旅游路书 冬

高山·白川乡·金泽

游日本，谁告诉你只有东京？

君猫／翅膀君 著

绘：君猫
插画师、交互设计师，因为喜欢日本设计，喜欢上这个国家！日本旅行就此开始啦！

同行伙伴：翅膀君
大学日语专业，在日本留学4年，回国做了日文翻译，负责旅行的线路沟通、打杂！

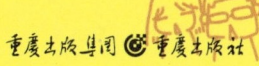

重庆出版集团 重庆出版社

地图线路示意：
大阪进出

北陆
金泽市
中部 东海
关东
高山市
东京
大阪
名古屋
关西

假期安排
8～9天足矣。

不用再去扎堆人挤人。

最美村庄白川乡，堆雪人，打雪仗！

和式浴衣、暖炉桌、深山里温暖泡汤。

海鲜市场转悠，让肚子任性吧！

就是这条路线，
这个冬季值得你出发！

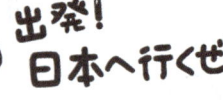

第一章 出发前的准备 1

第二章 抵达日本，状况连连 12

第三章 初到高山市"小京都" 23

第四章 日本最美村庄——白川乡 66

第五章 奥飞騨温泉乡 93

第六章 金泽市 130

第七章 回到大阪 167

附录 回家咯 175

我们的线路：

D1： 重庆 ⟶ 大阪 —3小时→ 名古屋

D2： 名古屋 —4小时→ 高山

D3： 高山

D4： 高山 —1小时→ 白川乡

D5： 高山 —1小时→ 温泉乡·枪见馆

D6： 温泉乡 —1小时→ 高山 —1.5小时→ 金泽

D7： 金泽

D8： 金泽 —4.5小时→ 大阪

D9： 大阪 ⟶ 重庆（上午回）

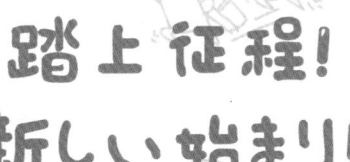

踏上征程!
新しい始まり!

出发前的准备
即将从重庆出发
出発前の準備
いよいよ重慶から旅立つ

护照	身份证	行程单	打印机票订单	重要PDF或图片用手机备份

游日本，谁告诉你只有东京？

抵达机场国际出发厅，与伙伴——翅膀君，会合。

不好意思来晚了！

嗨~翅膀君，时间刚刚好。

我们今天的行程：先飞到大阪关西机场，再乘坐机场巴士到名古屋。

最后一班巴士时间：19：15

飞机会不会延误？
应该不会吧。

突然，候机厅传来广播声：

叮叮~叮叮~我们抱歉地通知……

你所乘坐的前往大阪的飞机9C8XXX……
你个乌鸦嘴！

我们的航班延误了40分钟。
我们能赶上最后的巴士吗？

出发前的准备

游日本，谁告诉你只有东京？

1. 最好提前收拾好行李，避免慌乱，检查必带物品。

- ☑ 身份证
- ☑ 护照（6个月以上有效期）
- ☑ 机票订单（打印或者电子版）
- ☑ 旅行行程手册（打印或者电子版）
- ☑ 国际信用卡、银联卡
- ☑ 外币零用金
- ☑ 笔、记事本（顺便盖纪念章）
- ☑ 亲友联络地址和电话
- ☑ 常备药物（感冒药、晕车药、腹泻药、创可贴）

2. 在行程规划上，留足时间空间，特别是交通工具的时间节点。

关于入境表：
① 如果签证是网上办理的，记得索要入境表。
② 飞机上找空服索要入境表。（有时候也会没有一_—III）

注意：日本时间比中国时间快一个小时。如：北京时间8点时，东京时间为9点。

国际长途

旅游小叮咛

1. 如何拨打国际电话

①中国手机在出国前需办理开通国际漫游，只有"WCDMA"制式的手机才能在日本使用。手机不是"WCDMA"制式的可在移动或联通的营业厅办理租借手机。

②移动全球通用户可直接开通该服务，神州行用户须先转成全球通才能办理。而联通用户需缴纳一定的押金才能开通国际漫游服务，具体事宜请详细咨询手机网络所属服务商。

③境外直拨方式：（+86）+ 手机号码
（+86）+ 区号 + 固定电话号码

④日本的通讯发达，公用电话到处可见，打电话可用投币和插卡的方式，标有国内、国际电话兼用字样的电话机（墨绿色）及IC电话机（橘红色），均可直拨国际长途，打回中国时先拨001（或0041、0061）+86+ 城市区号 + 对方电话号码。

2. 中国驻日本东京大使馆

地址：106-0046 东京都港区元麻布 3-4-33
电话：03-3403-3064　　传真：03-3403-5447

游日本，谁告诉你只有东京？

旅行怎能没有网络呢？在这儿告诉大家怎么上网。

人家要发朋友圈~

……

离不开网络

1. 淘宝上租赁 4G 移动随身热点 egg

即连即用，不限流量，可连接多个手机同时使用。按天计算，费用每天 20 ~ 30 元不等（视品牌而定）。可在机场自取。

哇美景啊！

咔嚓

分享给朋友！

体积大小跟手机差不多。

2. 淘宝上购买手机上网流量卡

介绍 2 款常见的上网流量卡：docomo 和日本富士卡

流量卡只支持上网，不能打电话。docomo 一般是 7 天不限流量，富士卡是 7 天 3G。费用 80 ~ 100 元，有包月的套餐。购卡时记得告知店家你需要的手机卡规格。注意：合约机不一定能使用，请询问店家。

先换好手机卡，抵达日本就可以直接用了。

设置方法请看包装背面。

008

1. 常用语

① こんにちわ
你好 kon ni chi wa

② ありがとうございます
谢谢 a ri ga tou go za i ma su

③ すみません
对不起，不好意思 su mi ma sen

④ さようなら
再见 sa you nara

2. 询问

① （地図上を指差して）ここはどこですか?
（指着地图）请问这里在哪? ko ko wa do ko de su ka?

② 地図を描いてもらえますか?
能帮我画下地图吗? chi zu wo ka i te mo ra e ma su ka?

③ バス乗り場はどこですか?
请问巴士车站在哪里? ba su no ri ba wa do ko de su ka?

④ XXへ行きたいのですが、どの電車（バス）に乗ればよいのですか?
我想去XX，请问应该坐哪趟电车（巴士）?
XX e i ki ta i no de su ga, do no den sya（ba su）ni no re ba yo i no de su ka?

⑤ トイレはどこですか?
请问厕所在哪? to i re wa do ko de su ka?

⑥ これはいくらですか?
请问这个多少钱? ko re wa i ku ra de su ka?

⑦ 交番はどこですか?
请问派出所在哪? kou ban wa do ko de su ka?

⑧ どなたか中国語が分かりませんか?
请问有人会中文么? do na ta ga cyuu go ku go ga wa ka ri ma su ka?

填写入境表

游日本，谁告诉你只有东京？

入境的人很多，要赶紧填好入境表。

填表台有中文版。

英文版　日文版　中文版　韩文版

大部分飞机上是提供出入境表的，不是中文版也没关系，对着下面的表单填写吧！

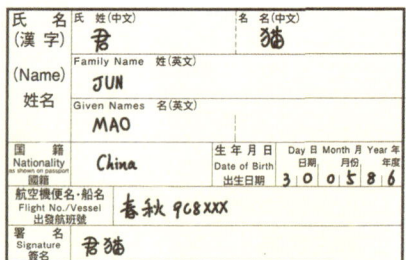

游日本，谁告诉你只有东京？

鉴于第二天要早起，
晚饭就选定 24 小时快餐：食其家（すき家）。

我的人生不能没有肉～好满足。

牛丼 + 韩国泡菜
キムチ牛丼
380 日元 + 100 日元

牛丼在日本是很常见的快餐。

牛丼 380 日元

冷やっこ
冻豆腐 100 日元

晚安咯
名古屋

绕过名古屋？

大阪到高山市，可不可以跳过名古屋？

答案是：可以的！在这里提供四种方式给大家参考，可以不用在名古屋住宿。

具体时间与金额请以日本公布的信息为准哦！

参考 1：JR 特急电车——ワイドビューひだ 25 号（高山行）

大阪 Osaka ── 高山 Takayama

07:58 发车 → 12:15 抵达

- 所需时间：4 小时 17 分
- 金额：8300 円

最快的直达方法，不过价格偏贵呢。

参考 2：JR 普通电车

大阪 Osaka ── 岐阜 Gifu ── 高山 Takayama

- 所需时间：6-10 小时
- 金额：5400 円

日本交通网站：
http://www.jorudan.co.jp/nori

中途需要多次换乘，班次不同，衔接等待时间也会不同，适合时间充裕的朋友，慢慢欣赏沿途风光。

绕过名古屋

参考3：高速巴士

出发：
近鐵難波駅西口（OCAT ビル）	7:35	8:50	16:00
大阪駅前（東梅田）	7:50	9:05	16:25

到达：
高山濃飛バスセンター	13:02	14:17	21:37

网络预订：
http://www.j-bus.co.jp/web/asp/hnsent5.asp?mode=1&id=21&id2=26

- 所需时间：5小时12分
- 金额：4700円

要注意班次，一天只有3趟，价格最便宜，推荐！

参考4：

JR 新干线：新大阪（Shinosaka）——名古屋（Nagoya）

JR 普通电车或特急电车：名古屋（Nagoya）——高山（Takayama）

- 所需时间：5小时左右
- 金额：1万円左右

价格最贵，不过买了 JR PASS（JR 列车通票）的朋友就无所谓啦。

中文详情，请登录
www.japanrailpass.net

JR 科普

这样打比方让你立马了解JR。

JR 全称是 Japan railway，相当于国内的铁路公司 有着不同速度的列车：

最快　 新干线 = 国内动车、高铁

　　　　 JR 特急 = 国内 T 开头列车

　　　　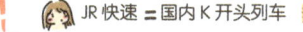 JR 快速 = 国内 K 开头列车

好慢　 JR 普通 = 国内普通绿皮火车

初到高山市"小京都"

「小京都」高山市に着いた

奔跑吧列车

我们在7-11便利店买的早餐,彻底在列车吃开。

到了岐阜站成功换乘了去高山市的JR电车。

025

游日本，谁告诉你只有东京？

换乘后，电车格局很像我们的轻轨内部。

时间太早空空落落的车厢

座位软软的。

仔细观察日本人的生活，会发现一些跟自己国家不一样的东西呢。

多功能的厕所

刚好适合我的拉环。

高低不同的列车拉环

小个子的我

帮助盲人过马路。

Di~Di~ Di~Di~

有声音的红绿灯

Di~Di~

026

公共交通的供暖是在椅子下方。

腿部好温暖

冬天都是短袜

日本女生腿上穿那么少,是不是因为供热在腿部呢?

可控制的列车门

电车如果进站时间长,乘客可以自由出入车厢,门边的开关会自动亮起,提示乘客可以使用。

开门的乘客离开时要按下"关门键",门会停几秒待乘客离开后自动关闭,不然冷风灌进车厢会影响到其他乘客。

好体贴。

入乡随俗,
请尊重他国的生活方式和生活习俗。

我们虽是旅客,停留时间短暂,

也不要给别人造成困扰呢。

大家都在拍照

快看窗外的雪景。

奔跑吧列车

027

奔跑吧列车

虽然起很早,
不过看到美景
一点困意都没了。

有阳光有雪
的好天气。

029

游日本，谁告诉你只有东京？

4个多小时，没有疲劳，满满的兴奋，这就是旅行。

关于高山市

高山市是日本岐阜县北部（飞驒地方）的一个市。现在的高山市，是2005年2月1日时旧高山市合并了周边的9个町村而成的。合并之后，该市成为日本面积最大的市，甚至超过香川县和大阪府，相当于整个东京都的面积。该市有"飞驒的小京都"之称，每年都有很多国内外观光客来此观光。

★ 推荐玩耍天数：2～3天。
★ PS:除了风景、美食，高山有很多让游客体验的日本技艺。

这次高山旅行，我们以飞驒高山为中转站，会去到周边的两个有意思的地方："白川乡"和"奥飞驒温泉乡"。

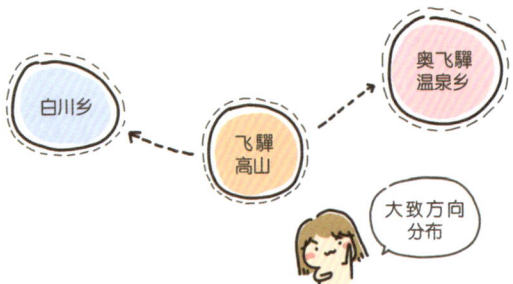

030

我们的电车进站了

收拾好行李，准备下车咯~

抵达咯高山！

你是兴奋已经转成亢奋了？

垃圾带下车去

铁道被雪覆盖啦！

走了

走过这个闸口就是高山市啦。

哇！

初到高山市

出站就有
观光咨询所，
噢！发现
储物柜！
大箱子
也可以存
临时到高山旅游，
可以好好利用投币式储物柜，
在等候室外有两处，
巴士中心对面也有一处。

观光咨询所
有飞驒高山散步图，
有中文版耶！
景点好详细。
先看看我们
预订的酒店
怎么走，先
放行李。
高山散步图

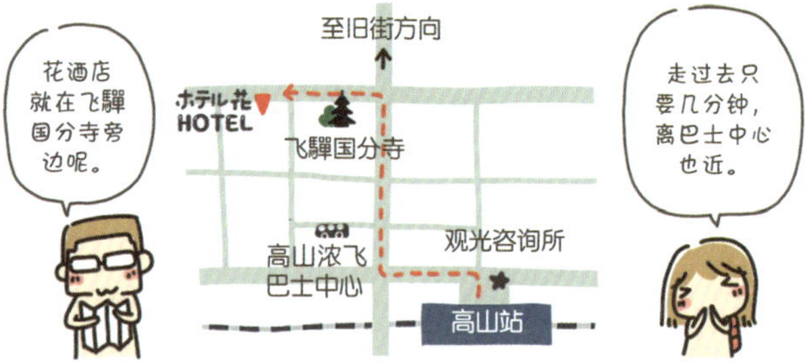
花酒店
就在飞驒
国分寺旁
边呢。
至旧街方向
ホテル花
HOTEL
飞驒国分寺
高山浓飞
巴士中心
观光咨询所
高山站
走过去只
要几分钟，
离巴士中心
也近。

路过飞驒国分寺……

这个是
什么？
我们
先去酒店
放行李！
进去看进去看！

飞驒国分寺

找到酒店,放好行李。

居然不饿?

先去刚才的国分寺逛逛~

回到飞驒国分寺。

哦~有人来了?

原来如此。

原来是用雪球驱赶魔鬼啊~

厄运退散。

我也要驱……魔……

你给我换成小雪球!

哎哎~

奸笑

游日本，谁告诉你只有东京？

玩够了吧，进去国分寺看看！

嘿

喵~

魔鬼退散。
厄运走开。
阿哒哒！

你够了！

那边那个是什么？

猴子娃娃
さるぼぼ

Tip 高山飞驒地区的传统人偶工艺品，意为祛除灾难，家庭圆满。如果你有了猴娃娃，一定能过上幸福的生活哦。

034

飞驒国分寺

超大银杏树↑　三重塔↑

飞驒国分寺

> Tip
> 天平十三年，圣武天皇下诏全国修建国分寺和尼寺。飞驒国分寺由行基和尚修建，于公元746年完工。飞驒国分寺正殿重建于室町时代。寺院里存活着树龄在1250年以上的大银杏树，还有飞驒地区唯一一座三重塔，主佛供奉药师如来等坐佛。

哎哟 吓我一跳！

这个地藏被雪埋住只剩一个头了……

你冷么？

游日本，谁告诉你只有东京？

将钱投入赛钱箱，双手合十祈福吧。

飞驒三十三观音灵场

哦！我想起个事！

寻找

什么？

我要盖纪念章。

毫无兴趣

飞驒国分寺

我们在国分寺停留了30分钟，准备朝高山古街方向走去……

后院的道路已经被积雪覆盖了。

鞋子进雪了……

我说……为什么不原路返回？

后院出去比较近，没想到雪那么厚。

积雪深深淹过了膝盖……

游日本，谁告诉你只有东京？

离开国分寺

我们决定先填饱肚子，就近找了家拉面店。

从积雪里走出来真累。

饿。

两碗拉面

ラーメン2つ！

かしこまりました

谢谢。

ありがとう

旁边那桌的人说这家拉面很好吃。

是吗？

拉面 ラーメン（ramen）在日本是很常见的食物。我们选到这家店，店主是位老奶奶，这家店的口味偏古早，就是没有太多改良的拉面。

いただきます

比较古早味的拉面汤头基本都是大骨酱油口味，面上配两大块叉烧，然后撒上青葱。

勺子舀一瓢汤，然后夹一点面条放勺子里，就着汤，一口吞下~很赞！

好吃！

吃饱了！

旅行继续，高山古街。

拉面

步行10分钟到了高山古街。

漫游高山古街

怀旧

Tip 飞驒高山是一座历史悠久的城市，在市内的古街区，街道全是木制房屋，色彩浓厚的日式古城的影子依稀尚辨，仿佛时光倒流，回到了江户时期。

原本只是把高山市当做去白川乡和温泉乡的中转站，没想到高山市这样美。

哈哈，好像回到了过去。

复古色调。

君猫

飞驒高山的街区不大，每个小景点都是步行30分钟内可以到达的。

传统建筑保留得很完美呢。

我去！为啥画风变了！

039

游日本，谁告诉你只有东京？

040

漫游高山古街

祈福

到处都是神社。

复古味道。

抓拍一张。

感觉很贵～

瓷器好素雅。

041

游日本，谁告诉你只有东京？

继续漫步在高山老街，前往高山标志性建筑——中桥。

高山古街区域
锻冶桥　柳桥　筏桥　中桥
高山阵屋
国分寺
↓高山站方向

遇到一个猫星人雕塑

确定这样拍？

偶遇同类合照！

你好猥琐。

猫控，POSE

这个动作没那么猥琐了吧。

赶紧拍了走人！

042

漫游高山古街

街道真干净耶！

沿途很多小吃店和伴手礼店。

去看看小吃店！

先去拍桥回来再吃。

哇！好多漂亮的伴手礼。

有猴娃娃！噢明信片！

你不是说先拍桥吗？

043

游日本，谁告诉你只有东京？

看到啦，绿色的柳桥，红色的中桥。

站在中间的筏桥，柳桥跟中桥都能拍到喔！

哇！

好兴奋

044

漫游高山古街

果然是高山标志性建筑，白色世界的衬托下，红色的中桥好美！

如果春、秋季节来一定也很棒，还可以租和服。

高山阵屋就在附近，我们去看看？

找地图

045

游日本，谁告诉你只有东京？

高山阵屋
国家级历史遗迹，全球现存唯一一座郡代官府

> 门票每人420日元
> 还有解说手册？
> 有中文版的介绍耶！
> 啧！又是看日文。

> 用雪做的龙猫巴士！
> 日本真是个卖萌的国家。
> 这里还有只撑伞的龙猫。

高山 陣屋

Tip

高山陣屋

元禄五年（1692），德川幕府把飞驒作为幕府的直辖领地，从此之后，一直到明治维新的177年中间，总共有25代官吏受江户政权派遣，负责官吏幕府直辖领地的行政、财政、警察等政务。他们主持政务的地方就称为"高山陣屋"。

开放时间
3月1日～10月31日 / 8:45～17:00
11月1日～2月末日 / 8:45～16:00

休息时间
12月29日、12月31日、1月1日

（木工技术表演 一天2次 AM10:00～PM2:00 注：有时休息）

要换拖鞋。
Please feel free to use indoor slippers.
请随便使用拖鞋

自己的鞋子装袋子里提着～

看了中文介绍感觉陣屋里面很大，从外观还真是看不出来。

鞋子

047

游日本，谁告诉你只有东京？

御役所
高阶官员的办公室。

鱼好像
在空中游。

汤吞所
就是现在的茶水间。

兔子？

原来是钉隐，用来挡住柱子上的钉子的装饰物。

NAIL HEAD CONCEALER

站起来
是这样？

居间，
就是起居室。

想象自己
坐在门边看着外面
四季轮回。

048

转久了，
会迷路也，
幸好有箭头指示。
豪宅耶！
这样的建筑
有很多的走廊，
所以像迷宫。
天生路痴
这个大厅
好霸气！
“御白洲”
也叫“吟味所”
就是审讯室。
刑罚
场景
有着400多年历史
的粮仓，里面展示了
很多历史物件。
（不能拍照）
告诉大家一个
关于榻榻米边框
的小细节。
上流阶级使用的
边框印有图案。
中流阶级
没有图案。
下层是没有边框
的榻榻米。

游日本，谁告诉你只有东京？

日本很多神社、寺庙，是日本人的精神信仰。

现在去看看神社？

樱山八幡宫
表参道
古街
锻冶桥
宫前桥

我们决定从宫前桥过去，穿过表参道到达樱山八幡宫，沿途可以看到一个大鸟居。

休闲地沿着河堤走。

白色河堤好像棉絮，下去玩！

你确定？台阶被雪覆盖了哦！

试试看。

050

樱山八幡宫

真的很滑。

那就别下去啊你……

啊!

没事吧……

幸好下面是雪软的~

雪被踩死~非常滑~请勿模仿

河堤上居然有个冰雪奇缘里的小雪人~

下来还是有收获是雪宝~雪宝~

看到大鸟居。

TiP 在日本如何区分"寺"和"神社",最简单的方法就是看它有无"鸟居",有鸟居的便是"神社",反之就是"寺"。"神社"内供奉的是代表神道的自然万物神灵,或是皇室成员;"寺"内则供奉佛教的神明。

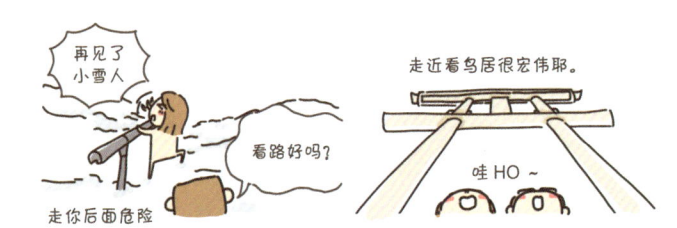

常见的鸟居都被漆成橙色或红色,是生命的象征,主预防灾害。在神道里它是神界和人界的划分之门。当你走过鸟居,你就是进入了神界。

游日本,谁告诉你只有东京?

走过宫前桥，
穿过老街就是樱山八幡宫。

又见老街风情。

樱山八幡宫

053

游日本，谁告诉你只有东京？

樱山八幡宫鸟居

Tip 樱山八幡宫主祭应神天皇，有接近400年历史，于16世纪由高山藩主所兴建，之后经过多次火灾，又于70年代昭和时期重建。

054

櫻山八幡宮

> 櫻山八幡宮
> 神門前

Tip 高山市有个很有名的祭典：高山祭！被誉为日本三大美祭之一！
由：日枝神社的"春季高山祭——山王祭"（4月14、15日）和樱山八幡宫的"秋季高山祭——八幡祭"（10月9、10日）组成。

> 八幡祭的起点就是樱山八幡宫。

> 可惜我们时间不对。

春天的美丽中桥

写真提供/高山市

游日本，谁告诉你只有东京？

噢~吐水的龙？

这个水是用来……
我舀

少年郎别喝！
我饮

……
纳尼！

喝了？
喝了一点点……

这个亭子叫手水舍。在神社、寺庙的参道或社殿旁，一般都会设有这样的净手池。

水是用来给参拜者洗手和漱口的。

056

在这里教下大家正确的参拜方法~

① 右手拿勺子取一瓢水，洗左手。

② 再换左手拿勺子取一瓢水，洗右手。

③ 再右手拿勺倒在左手手掌上，送入嘴中~漱口。

④ 再洗一次左手，用剩下的水清洗勺子并放回原处。

樱山八幡宫

游日本，谁告诉你只有东京？

旅行！除了风景，当然……还有……

高山美食啦！

提到日本的牛肉，你一定会先想到获奖无数的神户牛肉，但真正的牛肉行家都知道，位于岐阜县的高山市才是品肉宝地，最有名的就是**飞騨牛肉**！

在高山古街到处都是飞騨牛肉制成的小吃哦～

来到飞騨高山怎能不吃牛肉

058

創業明治二十三年
御食事処 坂口

吃！在高山

日本人都非常爱哦~

介绍一家必去的店
创业于明治二十三年
（1890）的"坂口屋"。

推荐
飞驒牛肉套餐，
菜单有图片，
选餐方便。

这个套餐不错，
价格1800日元
飞驒牛排很棒！

059

游日本，谁告诉你只有东京？

我们还要推荐坂口屋外面的寿司外卖亭。

食客们早早就排起了长龙。

牛肉寿司有三种价位：
A：400日元　B：600日元　C：800日元
我们选的B，一份是两个寿司。

透过玻璃窗～
现做牛肉寿司。

外面都有香气。

060

握寿司制作过程

| 蛋皮托盘，用来盛寿司方便手拿。 | 厨师现捏寿司饭 | 新鲜的飞騨牛肉用火枪微烤 | 将飞騨牛肉放在寿司饭上 | 最后淋上寿司酱油。 |

哇这色泽这香气~

咬一口

嗯?

好吃啊！色泽好，味道鲜美~

人生美满

肉质鲜嫩，弹牙价格虽偏贵，但是超级值得

吃！在高山

061

游日本，谁告诉你只有东京？

继续古街走走逛逛，吃吃喝喝。

现烤仙贝
烧きたて煎餅
250日元。

咸咸脆脆的。

我牙口不好吗？
我觉得好硬！

嚼嚼~

咔呲咔呲~

茶乃芽冰淇淋屋——抹茶冰淇淋、冰冻橘子。

吃了咸的，就想吃甜的。

不减肥了？

回国再减！

抹茶冰淇淋
470日元。

冰冻橘子
100日元。

冰淇淋上面撒了抹茶粉

最高级真抹茶冰淇淋。

冰冻橘子也非常甜。

路边小吃店——飞驒牛烤肉串。

肉

翅膀君的"肉魂"在燃烧。

飞驒牛烤肉串
飛驒牛串焼き
270日元。

小吃店有废签回收筒，竹签请勿乱丢。

062

吃！在高山

元祖牛肉包子发源店——飛驒牛まん本舗。

噢！快看飞驒牛肉包！

"肉魂"又被点燃了！

肉馅十足，酱汁浓郁！面皮很蓬松，一个20人民币，很值得吃！

很大一个真的好吃！

有牛肉～

飞驒牛肉包子
飛驒牛肉まん
430日元。

超市的草莓

草莓イチゴ
512日元

翅膀君去超市买饮料。

外面有草莓。

好甜啊！水分超级足。

虽然很撑了，但还是吃得下，的确好吃。

回到酒店……

我快被撑死了……

好想吐～

难受～

你还真是个奇葩～今天吃了那么多，回来还吃了个杯面……

日本的方便面也很好吃……

爱心提醒：请勿暴饮暴食

063

美食分布

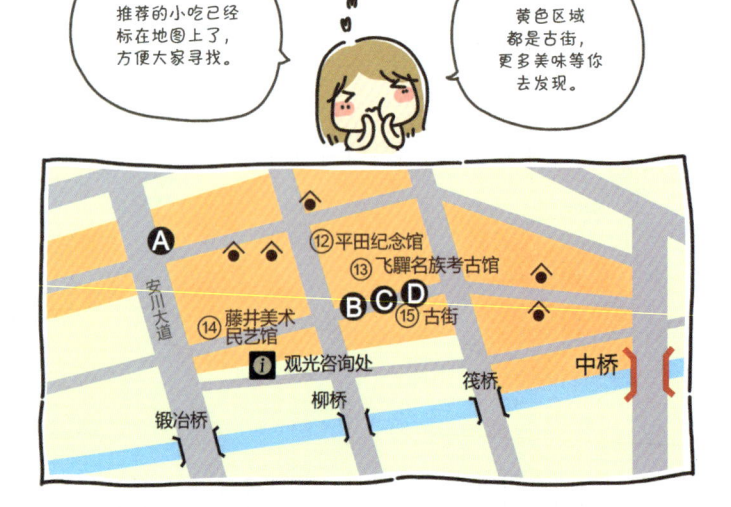

游日本，谁告诉你只有东京？

推荐的小吃已经标在地图上了，方便大家寻找。

黄色区域都是古街，更多美味等你去发现。

安川大道
A
⑫ 平田纪念馆
⑬ 飞驒名族考古馆
B C D
⑭ 藤井美术民艺馆
⑮ 古街
ⓘ 观光咨询处
锻冶桥　柳桥　筏桥　中桥

A: 牛肉包子， B: 茶乃芽冰淇淋屋， C: 煎饼屋， D: 坂口屋

064

高山体验

高山市除了吃，还有很多可以体验的～例如：

穿越回江户时代——和服体验

女士穿着和服，男士穿着被称为"上下"的服饰在老街散步。

- 预约：高山市政纪念馆
- 费用：2 小时 1500 日元

高山手作体验

自己 DIY 制作猴娃娃，玻璃刻花，筷子制作，煎饼制作等等～

喂喂

帅！

我来给猴子画个脸～

- 地点：回忆体验馆
- 预约：随到随做
- 费用：项目太多，15 种以上呢，参照馆内价格
- 时间：10:30 ~ 16:00

日本弓道体验。

快！拍下我的英姿！

一动不动

摆 Pose……

装模作样

- 地点：半弓道场（朝日町）
- 预约：随到随玩
- 费用：10 支箭 300 日元
- 时间：19:30~22:00

旅游小叮咛

日本最美村庄——白川乡
冬天就该来这里!
日本一美しい村 白川乡
冬旅はここに訪れるべき!

最美村庄——白川乡

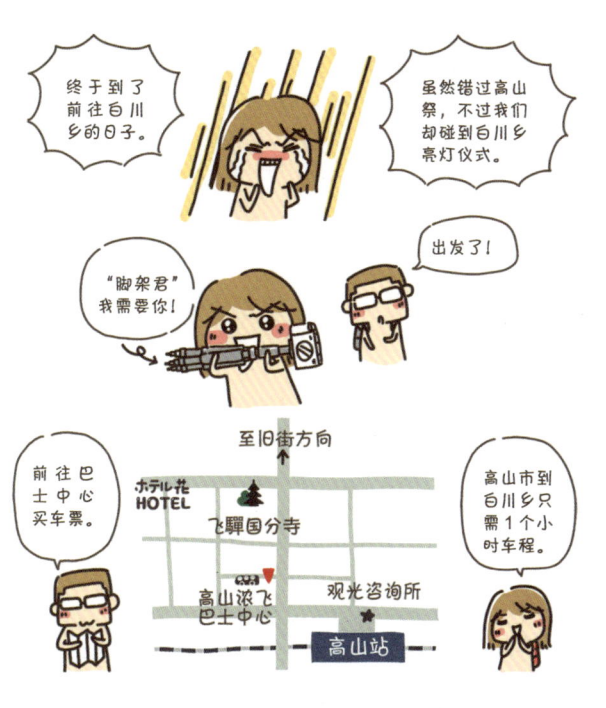

游日本，谁告诉你只有东京？

去 高山 ➡ 白川乡 ➡ 金泽线巴士时刻出发表
Takayama　Shirakawa-go　Kanazawa

站名		R					R		R		R	R		◆
高山巴士站	7:50	8:50	9:50	—	10:50	11:25	11:50	12:50	13:50	14:50	—	16:30	17:50	19:00
荻町	↓	↓	↓	—	↓	↓	12:44	↓	14:44	15:44	—	↓	18:42	19:52
白川乡	8:50	9:40	10:40	10:50	11:40	12:25	12:55	13:50	14:55	15:55	16:25	17:30	↓	↓
平濑温泉	↓	—	—	↓	—	↓	13:11	↓	15:11	16:11	↓	↓	19:00	20:10
金泽车站	10:05	—	—	12:15	—	13:40	—	15:05	—	—	17:50	18:45	—	—

返 金泽 ➡ 白川乡 ➡ 高山线巴士时刻表
Kanazawa　Shirakawa-go　Takayama

站名		R	R		R		R		R		R		◆
金泽车站	—	8:10	9:06	—	10:50	—	13:25	—	14:40	—	16:00	—	—
平濑温泉	6:29	↓	↓	10:24	↓	—	↓	—	15:49	16:34	↓	—	19:24
白川乡	6:48	9:35	10:30	10:45	11:15	12:15	13:15	14:50	15:15	16:05	16:15	17:00	17:20	↓
荻町	6:50	↓	↓	10:47	↓	↓	↓	↓	↓	—	16:17	17:02	↓	19:42
高山巴士站	7:50	10:25	—	11:47	12:05	13:05	14:30	15:40	16:05	—	17:15	18:00	18:10	20:40

从高山到白川乡有两种巴士："浓飞巴士"和"北陆铁道巴士"。时刻表里 R 就是"北陆铁道巴士"，是需要预约的。没有预订的我们，选择了"□浓飞巴士"。

注意！如果是周六日、法定假日、8.13~8.15、12.29~1.3 ◆ 标示里的时间段是没有巴士行驶的。

（最新巴士时刻以浓飞巴士官网公布的为准
http://www.nouhibus.co.jp/new/shirakawago_kanazawa.html）

> 亮灯仪式是周末，从时刻表上看来，浓飞巴士最晚是下午5点从白川乡返回高山巴士站。

> 不会吧！亮灯仪式时间是5点半到7点半。

> 岂不是看不到亮灯仪式？

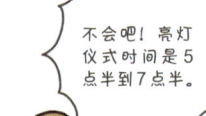

最美村庄——白川乡

幸好工作人员告诉我们,

如果要观看亮灯仪式,可以选择专车巴士。

最晚收班时间晚上7点半。

白川乡套票(浓飞巴士)
包含:
· 高山站 至 白川乡 往返车票
· 合掌造民家园门票
4630 日元

非亮灯仪式推荐大家购买白川乡套票。

还好价格差别不大。

因为亮灯仪式时间,我们只能买这个了。

亮灯仪式专车票
只有:
· 高山站 至 白川乡 往返……
4420 日元

在这里告诉大家怎么买票,看看场景模拟吧:

- 中 请给我 [人数] 人的到 [目的地] 的车票。
- 日 [人数] までの券を [目的地] 人分下さい。

- 中 使用 [现金] [信用卡] 支付。
- 日 [现金] クレジットカード で支払います。

- 中 我想看白川乡的亮灯仪式。
- 日 白川郷のライトアップを見に行きたいです。

069

游日本，谁告诉你只有东京？

工作人员会帮你勾画出往返时间，

并用计算器，告诉你往返票价，

亮灯仪式专车还要贴一个贴纸，返乘时会检查。

最后我们选定的往返时间为 13:50 ～ 19:30。

总算可以拍到白川乡的亮灯仪式啦。

关于白川乡

TIP

白川乡，位于岐阜县西北端。是一个静静隐藏在飞驒山间的村落，四面环山，林木茂密，大自然赋予了它绝美的自然风光。1995年12月9日，白川乡被联合国教科文组织列为世界文化遗产。使它获得此项殊荣的，除了自然风光，正是由一栋栋用茅草人字形屋顶建造的合掌式建筑所构成的独特村落景观。

合掌式建筑是日本传统乡村建筑。指的是将两个建材合并成叉手三角形状，用茅草覆顶，不用任何一根铁钉。看上去很像人双手手掌相合的形状。这样的建筑也称为"合掌造"。是从德川幕府、江户时代后期保留下来的历史建筑。

070

最美村庄——白川乡

> 高山市到白川乡好近哦，50分钟车程。

> 才下了雪的白川乡好清爽。

> 一下车就能看到合掌建筑。

脚架

> 从停车场开始就感受到它的美啦。

071

游日本，谁告诉你只有东京？

我们既然有一下午的时间，要不要先拍白天的白川乡全景？

现在应该游客不多。

好啊！我们可以去服务区的储物柜存包和脚架。

我们决定先直奔观景台

观景台

明善寺

白川八幡宫

国家重要文化财产和田家

相逢桥

停车场服务区

从服务区出发步行30分钟。

072

我们把背包和脚架存在了服务区储物柜，开始在这"白色画纸"上留下我们的足迹！

最美村庄——白川乡

那积雪！好像雪饼啊~

吃货

眼前白茫茫

阳光太强烈白雪反光，睁不开眼了。

忘记带墨镜。

073

游日本，谁告诉你只有东京？

……

台下的朋友让我看到你们挥手～

走过相逢桥就进入村庄了

不愧是日本最美村庄！

好漂亮！

我抓！

074

最美村庄——白川乡

一栋栋保存完好的合掌造。

春天的白川乡水田纵横。

稻草君

冬天的白川乡银装素裹。

好冷~

这里一年四季都有看头。

075

游日本，谁告诉你只有东京？

去观景台的路上会路过商业街，很多伴手礼逛哦～

先去观景台！

要不要买个斗笠？

万一下雪呢？

……

NO!

076

看到路牌指示啦！
城山展望台（步道）。
你是乌鸦吗？居然真的开始下雪了。
哇～下雪了下雪了！
Let It Go!
Let It Go!
Let It Go!
离她……
远点……

游日本，谁告诉你只有东京？

城山展望台在此！

愉快地步行上去。

"白天的"童话小镇"，我们来啦！"

现在应该游客很少。

078

最美村庄——白川乡

抵达城山展望台

三角形房子好可爱。

哇,白色童话世界啊。

没有污染视线好通透

雪刚停了一会儿,现在又开始下了。

观景台快照:1500日元!

游日本，谁告诉你只有东京？

快照拍了立马打印出来，白川乡真美！

突然好期待晚上的亮灯仪式。

这样美的地方一定要寄张明信片留作回忆哦~

在观景台旁边就有明信片商店，写张送给自己和朋友吧。

080

写好咯~贴上邮票，
明信片们漂洋过海，
希望朋友们能收到
邮票的日文是：
切手（きって）
kitte。
寄往中国的话
买70日元的邮票。
嘿~拜拜
呃？外面的雪
好像下大了，
我们要赶紧下山。
如果暴雪来临，
就只能待在商店了。

下山的路，大雪纷飞。

雪花迎面飞来啊，
我们要走快一点。
快看快看，
雪花飞到我嘴里了~
你够了！

鹅毛……
大雪……
很~唯美~嘛！
明明很冷，
哪里唯美了！
贩卖机补充热量！
好温暖噢~
热饮~
BOSS Café au Lait
Lipton
日の贅沢
发现一片
“白色大陆”
我要过去看看！
哎呀雪
好深！
真幸运，
我们走下山没多久
雪就停了。

白川郷
雪停了，居然太阳也出来了，运气那么好的。
走到明山寺可惜在维修不能进去~
快看~雪墙栈道。
哇HO~路边发现冰凌。
这是独一无二纯天然水晶筷子只需998美金！
这位帅哥~来一副？
神经……

白川乡雪人合照。
是村民堆的吗？
白川鄉
这是凿好了人形的雪洞
好酷！
还有个小雪屋～听说晚上会亮灯呢。
已经4点过啦～时间差不多了，去取脚架吧。
查看时间。
梦幻的童话小镇白川乡我们来啦！
摄影的斗志！

返回服务区，取到脚架后……
时间：16:35

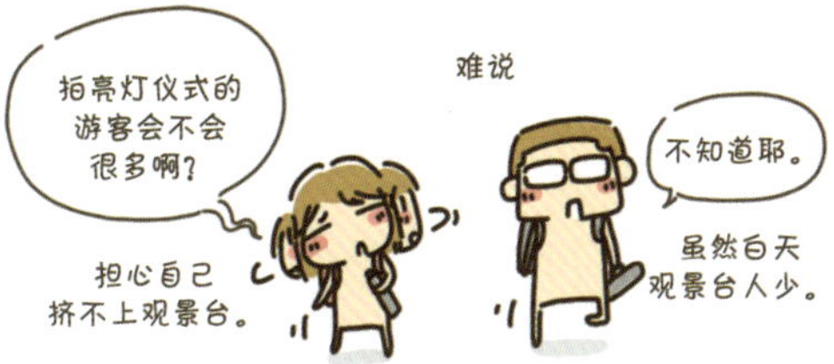

突然一大波“脚架游客”经过。

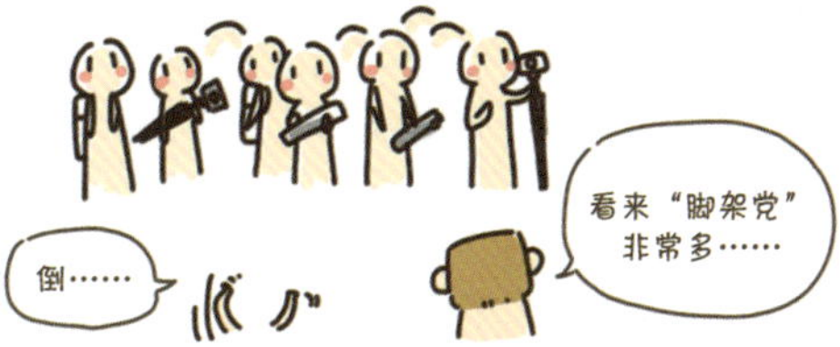

上观景台的路

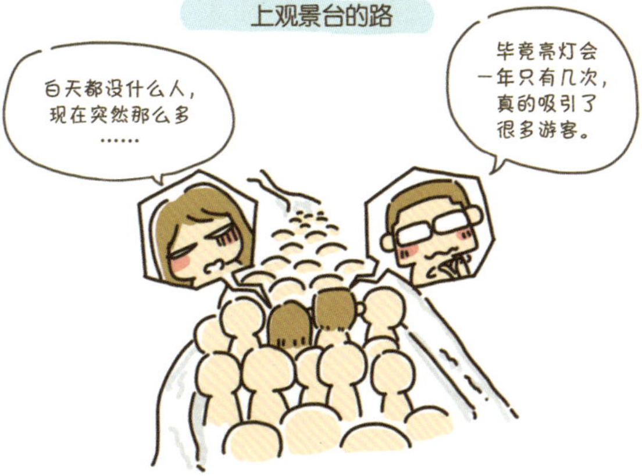

游客非常多，上山慢行，井然有序。

抵达观景台时
5点钟，已经聚满了
游客……
大家好像很早
就上观景台
占位置了……
翅膀君已经在前面了。
我跳！
我蹦！
Duang～!!!
拍不到……
完全拍不到……
人生好黑暗
……
个子太矮小
挤不进去
だいじょうぶ?
呀！
哇！
啊！
大家
一直在
摔倒
白天下了雪，
观景台很滑，大家
一定要注意安全
呜呜～
我的童话美景
……
噗～笑
我居然看了
10分钟……
突然回过神。

最美村庄——白川乡

可惜周围好多树枝。

换到其他位置勉强拍到了童话夜景。

还是应该早一点上观景台。

087

游日本，谁告诉你只有东京？

虽然没拍到最佳取景角度？

梦幻啊

不过~用肉眼看到的美景绝对美过照片。

些许感动~

最美村庄——白川乡

7点半的专车巴士回高山市，我们6点50分开始往山下走去。

下山也是慢行~
游客真的很多~

非常值得来的地方呀~

沿途有可爱的风景哦~

萌死了

游客们堆了一个个"迎宾小雪人"。

游日本，谁告诉你只有东京？

没拍到好角度，就送自己一张好角度的明信片吧。

白川乡拜拜啦～

下次有机会再来玩吧。

天然水晶筷子只需998美金。

祝你早日卖出去！

亮灯的白川乡

旅游小叮咛

关于白川乡亮灯仪式时间

亮灯仪式一年只有7回,大致的时间是每年的1月中旬到二月中旬的周末 17:30~19:30。

具体时间,请查看官网:http://lightup.asia/schedule/

献上我的拍摄心得:6点~6点半的亮灯仪式颜色是最美的哦!

天还没全黑,深蓝色的天空,配上橘色的灯光,色彩是最丰富的!

咦~
记得带上脚架早点上去观景台……

可不可以住在白川乡?

答案是:可以!不过需要提前很久预约。

白川乡官网上就可以预约哦!

白川乡观光协会主页:http://www.shirakawa-go.gr.jp/top/

预订方式1.电话预约(没有中文服务)

- 预约电话:05769-6-1013
- 拨打时间:全年无休 AM09:00~PM05:00

091

亮灯的白川乡

预订方式 2. 官网表格预订

进入白川乡观光协会主页网站，点击左上角。

宿泊WEB予約はこちらから！

1 进入协议界面，拉到界面最下方同意协议。

2 进入日期界面，可点击的就是还可以预订的。

3 填写表格

提交表格后，邮箱会收到一封确认信，之后就是等待民宿的回复啦！

"山本屋"民宿12月才开放预约，要摇签抽选，其他民宿建议提前半年预约。

其实住在高山也不错啦，交通很方便，路程不远！

游日本，谁告诉你只有东京？

092

奥飞驒温泉乡
榻榻米、暖炉桌、泡汤
一个都不能少！

奥飛驒温泉郷タタミこたつ温泉、
どれ一つも欠かせない！

気持ちいい

舒~服~

游日本，谁告诉你只有东京？

此时此刻！高山市·ホテル花 hotel 内。

我们今天的行程是温泉酒店。

向着温泉乡前进吧！

冬天的日本怎能少了温泉。

买了一堆零食，准备带去温泉酒店。

让温热的泉水洗净我这几日的劳累吧！

鸡血模式？

美女泡汤图

怎么可能

no~ no~

收拾行李~
收拾行李~
要在温泉酒店住一晚呢！

呃~~
呃~~

抵……
抵制暴力……

我们只带必要的行李去温泉酒店，其余的东西寄存在花 HOTEL 前台。

094

奥飞驒温泉乡

依旧从高山浓飞巴士中心出发。

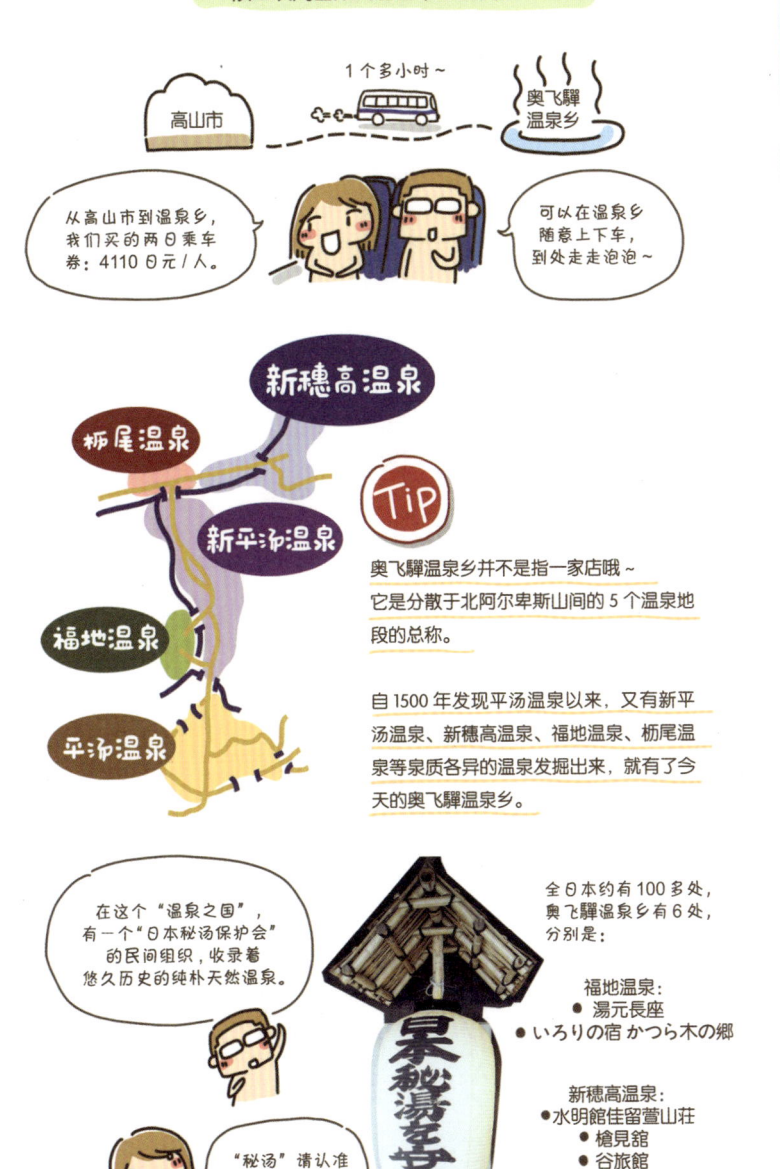

1个多小时~

高山市 → 奥飞驒温泉乡

从高山市到温泉乡,我们买的两日乘车券:4110日元/人。

可以在温泉乡随意上下车,到处走走泡泡~

- 新穗高温泉
- 枥尾温泉
- 新平汤温泉
- 福地温泉
- 平汤温泉

Tip

奥飞驒温泉乡并不是指一家店哦~它是分散于北阿尔卑斯山间的5个温泉地段的总称。

自1500年发现平汤温泉以来,又有新平汤温泉、新穗高温泉、福地温泉、枥尾温泉等泉质各异的温泉发掘出来,就有了今天的奥飞驒温泉乡。

在这个"温泉之国",有一个"日本秘汤保护会"的民间组织,收录着悠久历史的纯朴天然温泉。

"秘汤"请认准温泉酒店门口的这个灯笼哦~

全日本约有100多处,奥飞驒温泉乡有6处,分别是:

福地温泉:
- 湯元長座
- いろりの宿 かつら木の郷

新穗高温泉:
- 水明館佳留萱山莊
- 槍見館
- 谷旅館
- 野の花山莊

095

在出国前，多番商议筛选，我们选择了：新穗高“枪见馆”。

即将抵达新穗高温泉——中尾高原口站时。

原本是可以叫酒店安排车子来接，
但是我们的电话只能上网，不能打电话……

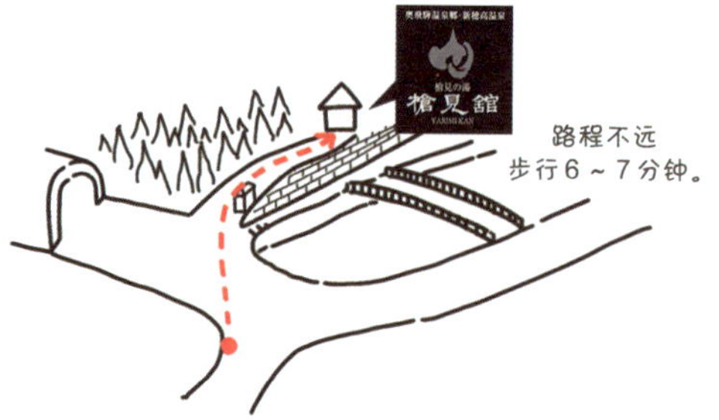

奥飞驒温泉乡

上一段斜坡时，碰到一个司机。

完全听不懂的我，保持微笑好了。

刚才那是枪见馆的小货车，问我们是不是住客，怎么不打电话叫酒店派车来接呢。

我们打不起电话嘛～

无所谓啦 反正都淋湿了。

冲吧！落汤鸡～

097

刚走进枪见馆的庭院，就听到……

游日本，谁告诉你只有东京？

すみません

素米马赛！
すみません。

啊～纳尼？

吓我一跳！

她们说，司机告诉她们有两个住客正淋着雨，她们表示很抱歉～

司机帮我们打了电话？
呃……好热心！

098

有些不好意思，明明是我们没告知……

奥飞驒温泉乡

哇~好漂亮！

进门的大厅，配备有怀旧的水槽和风情满满的地炉间。

水槽里有温热的 🥚 温泉蛋和暖暖的 🧃 饮料。

这样的酒店，才让人觉得来到了日本啊，太值得体验了！

还有琳琅满目的商品区。

099

游日本，谁告诉你只有东京？

头顶上的粗梁柱厚重而古朴，富有历史感。

主屋是迁筑于有200年建龄的庄头宅邸呢。

还有淡淡的木头香气。

100

房间会是
什么样子呢？
哇~

这是什么？
和式房间啊
复古又精致。

柜子里有好
几套浴衣。

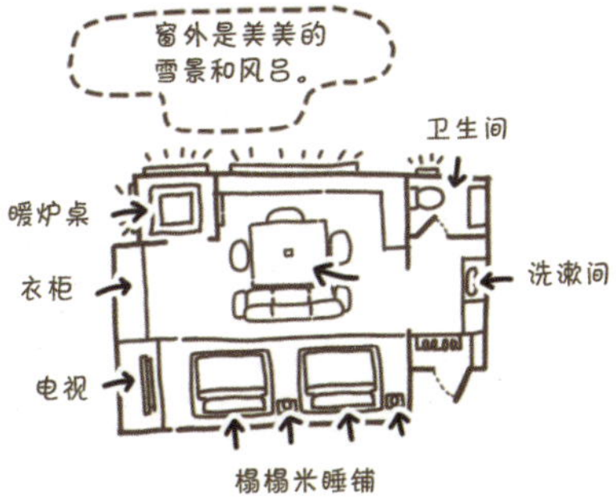
窗外是美美的
雪景和风吕。
卫生间
暖炉桌
衣柜
洗漱间
电视
榻榻米睡铺

游日本，谁告诉你只有东京？

冬天怎么能少了暖炉桌~

暖~ 暖~ 暖~ 暖~ 暖~ 暖~

常常在动画片里看到的暖炉桌。

今天终于感受到了~满足满足！

......

淋了雨，先泡泡温泉驱驱寒，然后6点用晚餐。

晚上吃什么呢~

一心想着吃。

102

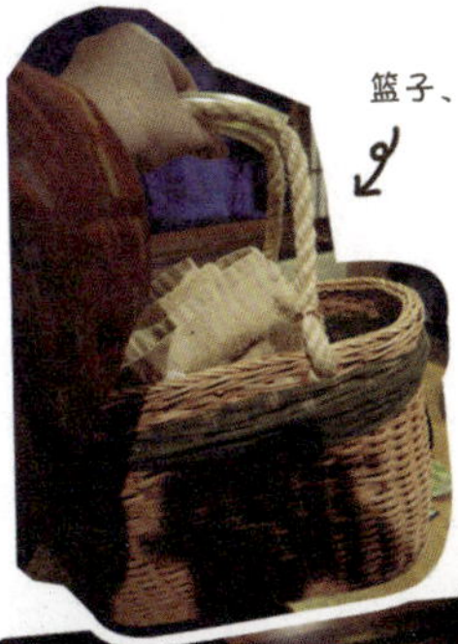
篮子、毛巾

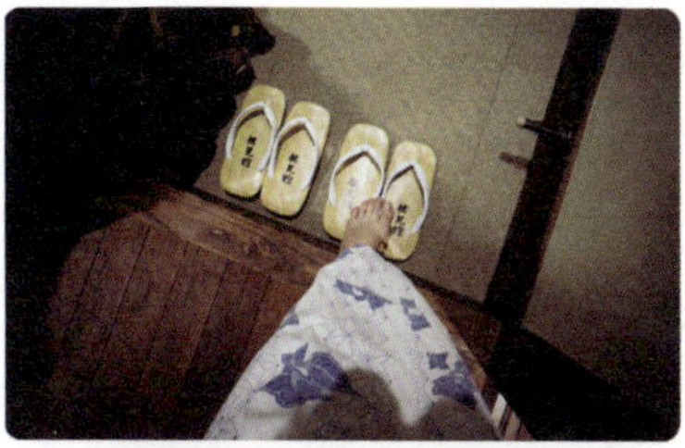

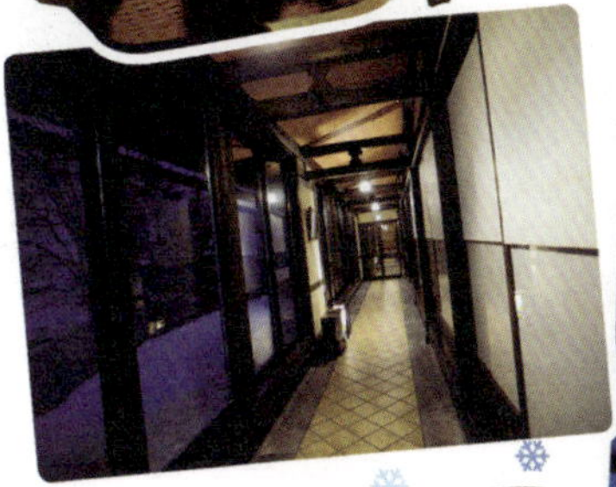
通往风吕的走廊

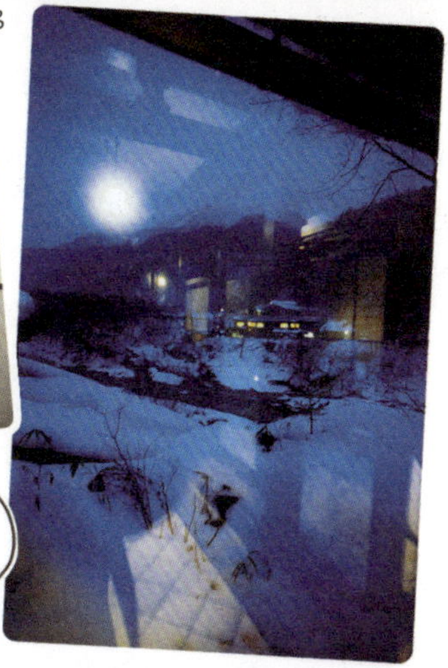

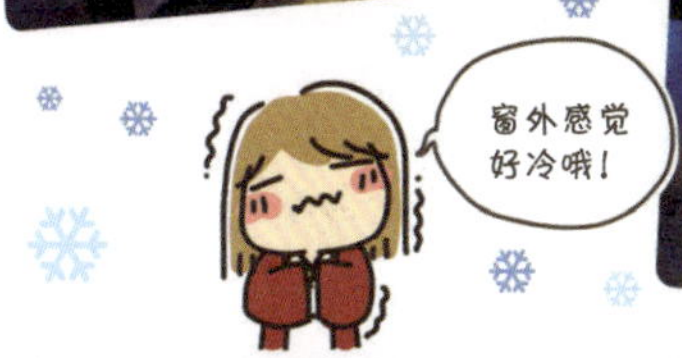
窗外感觉好冷哦！

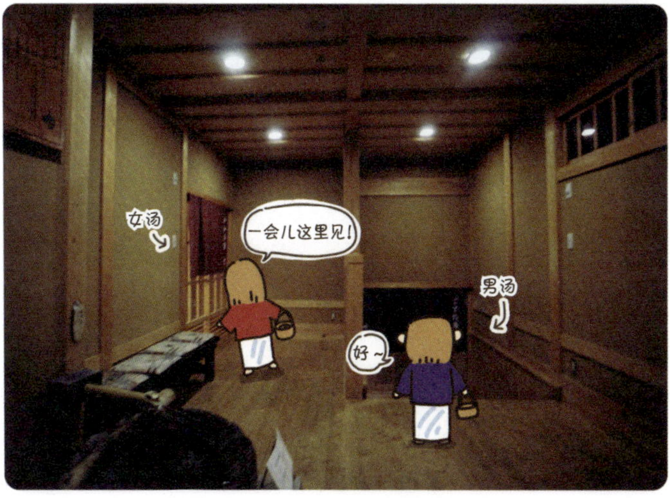
女汤
一会儿这里见！
男汤
好~

游日本，谁告诉你只有东京？

> 在这里给大家讲讲日本正确的泡温泉方法吧。

温泉的区域构成：

卫生间　　更衣室和梳妆区　　浴室（请洗身体）　　室内温泉　　露天温泉

Tip 泡温泉需要带什么呢：

价格越高的温泉，细节越周到。除了基本的配备（毛巾、浴巾、沐浴乳，洗发水、吹风机）外，还会提供卸妆水、棉签和一整套完整工序的保养乳液呢。如果自己要带，可以带一条毛巾和一组护肤品。

日本人泡温泉是不会穿泳衣的，都是裸泡，除非是娱乐性质的大型温泉。如果是男女混泡，则会使用浴巾。

浴巾有两种

普通浴巾　　带暗扣的浴巾

104

奥飞驒温泉乡

> 我爱洗澡，皮肤好好，嗷嗷嗷~

洗刷刷 洗刷刷 洗刷刷

Tip 入浴顺序：

1. 洗净身体，适应水温。

进浴池前一定要洗掉身上的污垢，防止泉水变脏。同时让身体习惯热水的温度。可以先从脚踝慢慢淋热水，直到胸口、肩部和头顶。

2. 慢慢进入浴池。

包包头

冲完澡后，让身体慢慢进入到浴池，从脚开始，再慢慢地泡到肩膀。如果一下子就将整个身体泡到温泉里面，全身会因为强烈的水压，而让心脏产生负担。

3. 先泡室内温泉，再泡露天温泉。

露天温泉温差较大（特别是冬天），一定要先暖和身体，再去室外，防止温差过大造成血管急剧收缩。

4. 再一次冲洗身体。

总觉得需要打下马赛克

泡完温泉后，附着在身体上的温泉成分，可以不用冲洗掉。但是如果泡过具有强酸性温泉及硫化氢温泉等刺激性强的温泉，最好是用清水洗净，避免皮肤过敏。

游日本，谁告诉你只有东京？

泡温泉礼仪：
1. 进入浴室时请脱去内衣。
2. 进入浴盆前务必将身体洗净。
3. 浴巾和毛巾请勿放入水中。
4. 请不要在浴室内奔跑打闹游泳。
5. 饭前饭后不可入浴，酒后入浴可能会有危险。
6. 请将长发盘起来再进入浴盆

全身都温暖了

入浴时间：
温泉虽促进血液循环，但并不适合泡太久。
42 摄氏度 - 5 分钟
41 摄氏度 - 10 分钟
40 摄氏度 - 15 分钟
39 摄氏度 - 20 分钟
参考上述时间可以泡一阵儿，休息一阵儿，反复几次。

外面下很大的雨，露天温泉就晚饭后再去体验吧……

呼~~ 呼~~

雨会停吗……

跟翅膀君碰头

先回房间放东西。

……

我要继续待在暖炉桌里。

回到房间休息

暖炉桌，你想我不？

休息下，6 点吃晚餐。

奥飞驒温泉乡

晚上6点，用餐时间服务员带领我们去餐厅。

换了浴衣

听不懂只能跟随

我们在枪见馆订的一晚住宿，约1800人民币，包含了一顿晚餐和早餐。

可以在温泉酒店玩一整天，还有正宗的日式料理哦！

哇～是在小包间用餐？

门打开了……

好和风哦！

感觉好好吃！

游日本，谁告诉你只有东京？

陶制的装盛工具朴实简约不失精致。

是怀石料理耶。

奥飞驒温泉乡

异国他乡的旅行,一定要入乡随俗。

在榻榻米上用餐当然要跪坐啥。

端正~优雅~

怀石料理菜单

我们的怀石料理菜单

菜单酒店已经配好,等待客人入座后才开始制作,保证食物的新鲜度和口感。

开胃菜会先上,其他料理因为是现做,

所以上菜会很慢,每一道菜大概会等5~10分钟。

于是,
漫漫长"跪"开始了……

我脚……   好像……

开始麻了……

游日本，谁告诉你只有东京？

八寸：
山里からのめぐみ

下酒菜：来自深山里的恩惠，是奥飞驒自产的一些野菜蔬果拼盘。

椀物：
岩魚どびん蒸し

碗物：岩鱼土瓶蒸，里面有鱼肉和菇类，好鲜美！

先附：
黒胡麻豆腐柚子味噌
いくら

开胃菜：黑芝麻豆腐柚子味噌鲑鱼子。

しのぎ
自家製つけもの
ステーキ

自家制泡菜拌味噌烤牛肉。

110

奥飞驒温泉乡

每上一道菜，服务员都会进行从"材料到烹饪方法"的解说。

他说，这道菜的牛肉酱是他们店独创的，然后这个野菜是……

嗯~嗯~嗯~

说完一段日文，他会停下来，等翅膀君翻译给我听，然后继续解说……

我脚越来越麻了。

翅膀君，你说什么来着？

但是我完全没听进去……

怎么办我脚好麻哦……

但是……入……乡……

干脆别跪坐了。

我脚其实也很麻了。

服务员离去……

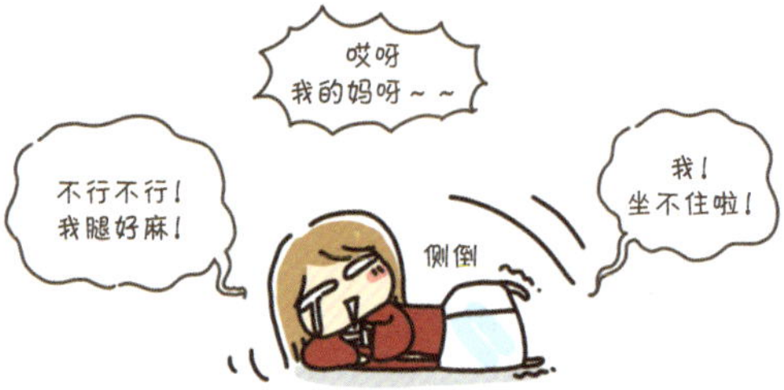

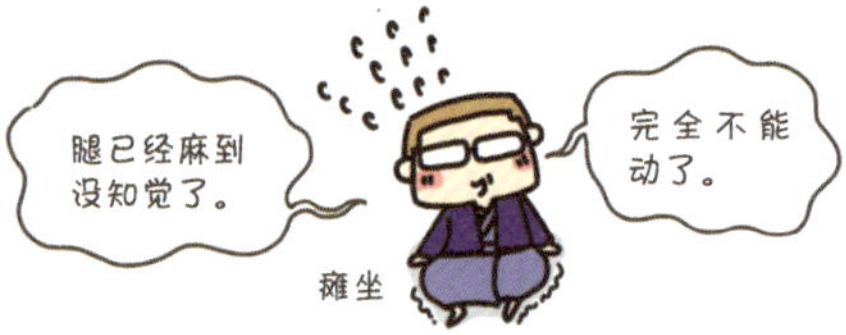

就在这时……突然进来一个服务生

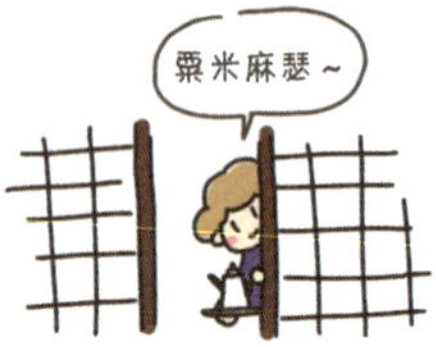

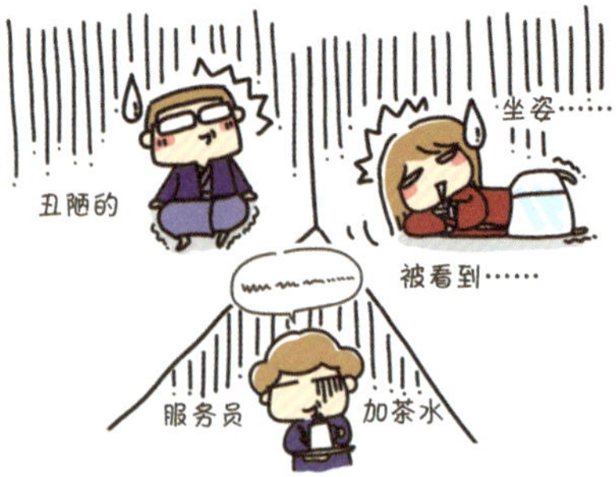

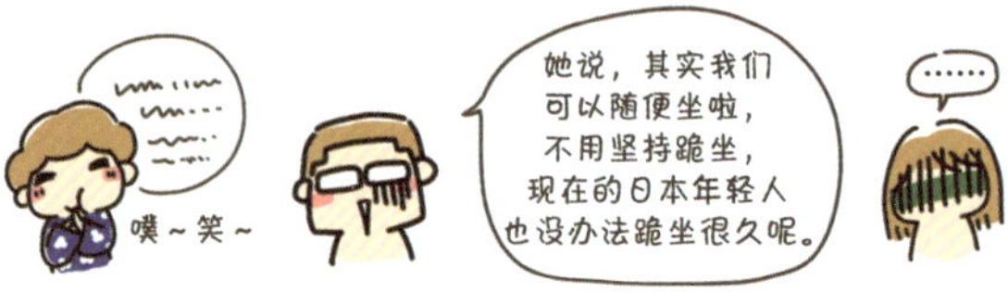

奥飞驒温泉乡

飛騨牛ローストビーフにぎり寿司

烤飞驒牛肉握寿司。

造里：岩魚活造り

活岩鱼生鱼片，送上餐桌的时候，嘴还在动，好吓人。

但很好吃，没腥味。

焼物：岩魚あぶらえ焼き

白苏烤岩鱼肉质好嫩。

蒸物：鱈白子飛騨なめこあんかけ茶碗むし

鳕鱼鱼白与飞驒朴蕈浇汁蒸鸡蛋羹。

113

游日本，谁告诉你只有东京？

重头戏！

台物：
飞騨牛すき焼き

吃台物：
飞騨牛肉寿喜锅！
这牛肉的色泽，
这纹路！

飞騨牛肉沾了
生鸡蛋液
变得好有层次。

口感
顺滑鲜嫩，
嚼起来却非常
有弹性啊！

怎么那么
好吃~

水物：
季節のシャーベット

哎哟！甜品
是我喜欢的
草莓冰淇淋。

114

奥飞驒温泉乡

很辛苦的跪坐!

哟哟!装模作样!

最后,实在坚持不住,就以这样的坐姿吃完了晚餐。

哈……哈……

不要走开!接下来登场的是"露天温泉"。

游日本，谁告诉你只有东京？

饭后又回到房间休息。

"饭后休息，暖炉桌我回来了。"

休息了40分钟，出发去露天温泉。

酒店提供雨伞

"我去！居然这个时候下大雨！"

"我们运气不好。"

"我的美女出浴图。"

通往露天温泉

枪见馆露天温泉包含：两个露天浴池（一个混浴，一个女性专用），4个包间浴池，一个足疗浴池。都是沿"清流蒲田川"而建，纯天然温泉水，能听到潺潺流水声。

下大雨，
露天温泉没戏了，
就泡包间温泉吧。
有人咯
使用中

可以使用
使用できます
这个包间叫
“萤火虫之
汤”。
名字好好听，
但是为什么叫
这个呢……

这个温泉
叫“播隆之汤”，
是用枪岳的开山僧人
“播隆上人”的名字
来命名的。

游日本，谁告诉你只有东京？

雨还在继续下着。

奇怪，翅膀君去哪里了？

哦～对了！他说要去泡泡露天混浴池。

这样大的雨，露天温泉……

没人跟你混浴吧。

男女露天混浴

潺潺溪流～

身子很温暖……

但是头……头很冷……

居然有人在倾盆大雨中泡露天温泉。

你别说我认识你！

我倒～

晚安咯，希望第二天别下雨啦。

118

第二天，早上的和式早餐。

奥飞驒温泉乡

看到榻榻米我脚发麻。

海苔酱

↑
乌龙茶果冻

↑
蔬菜沙拉

原来早餐也是这样丰盛。

↑
牛肉酱味噌

← 小烤鱼

↓
温泉鸡蛋

海苔酱和味噌真是"米饭杀手"啊好好吃！

温泉蛋好嫩。

119

游日本，谁告诉你只有东京？

早餐好棒！
好饱好饱~
回去睡个回笼觉。

继续钻进
暖炉桌。

再去泡泡
温泉。

居然早上
还在下雨。

绝望~

奥飞驒温泉乡

虽然外面下着雨，有些失望。

不过酒店还有其他有趣的活动哦。

酒店大堂活动——捣麻薯

麻薯在日本，是一种很常见的甜品。早上9点，几乎所有的房客都会聚集在酒店大堂，然后一位身着白衣的师傅会教导大家如何捣麻薯。大家轮流挥舞着 🔨 "杵"，敲打着糯米。

杵还蛮重呢，没想象中简单。

先得看准，不能捣到糯米边缘呢。

捣到一定程度，白衣师傅会检查糯米的韧性。完成后，会分装给每个房客，加上黄豆粉或萝卜泥，美味的麻薯就完成了！

带着麻薯，回到房间。

要不要吃我捣的麻……薯……

流口水~

居然还在睡觉……

121

游日本，谁告诉你只有东京？

唉～要回高山了，温泉酒店只住了一晚，没玩够耶～

还在吃麻薯。

临走前，我们去酒店周围逛逛吧。

奥飞驒温泉乡

桥下溪水边
有个免费的
露天温泉哦！

温泉乡，我走啦
我会再回来的哦！

呐喊

123

游日本，谁告诉你只有东京？

温泉乡怎么玩

日本的冬季很长。每到严冬，边泡温泉边赏雪景，对于日本人来说是一件很享受的事。

大大小小的温泉乡，不同功效的温泉和服务周到的温泉酒店是必不可少的度假行程。

参考1：利用"两日乘车券"奔走在奥飞驒温泉乡！

新穗高温泉
栃尾温泉
新平汤温泉
福地温泉
平汤温泉

如果旅游时间充裕，推荐购买奥飞驒温泉乡的"两日乘车券"，可以走走停停，体验不同的温泉！

平汤温泉是整个温泉乡的交通要道入口，是个非常热闹的地方，有餐厅、伴手礼店和免费的足浴。

车站边上设有"住宿案内所"（游客服务中心），里面有各个温泉村的免费地图，工作人员会细心介绍各村的免费温泉设施和温泉旅馆。

推荐平汤温泉的"平汤の森"温泉旅馆，在旅馆大厅购买温泉门票（30~35人民币），便可享受馆内十多处百分百纯天然温泉。

越往新穗高方向走，就越靠近深山。游客会相对稀少，相对安静。

认准这个灯笼哦

参考2：待在温泉酒店静静地歇息。

前几日走太多路了，刚好可以放松放松。

我们的时间不充裕，所以没办法四处逛逛泡泡，选择一家不错的"秘汤"温泉酒店，静静地休息吧~慢慢享受，这种感觉也是非常棒的哦！

124

预订枪见馆

奥飞驒温泉乡 新穗高温泉
枪见の汤 槍見舘 YARIMI-KAN

官网：http://www.yarimikan.com/
〒506-1421（邮编）
岐阜県高山市奥飛騨温泉郷神坂
TEL.0578-89-2808 ｜ FAX.0578-89-230

温泉酒店最好提前预订，枪见馆官网上只能通过电话预订。

其他路径预订可以使用"jalan"和"乐天旅游"这两个平台。

jalan网站：http://www.jalan.net/
乐天网站：http://hotel.travel.rakuten.co.jp

以下是其他秘汤温泉的官网。

如果要来泡温泉，记得提前预订哦。

位于福地温泉：
汤元长座
www.cyouza.com/

位于福地温泉：
いろりの宿 かつら木の郷
katuraginosato.co.jp/

位于新穗高温泉：
水明馆佳留萱山荘
www.karukaya.co.jp/

位于新穗高温泉：
谷旅館
www.taniryokan.com/

位于新穗高温泉：
野の花山荘
nono87.jp/

旅游小叮咛

游日本，谁告诉你只有东京？

中午，离开了温泉乡，回到高山市。

我们回到高山古街，购买了高山伴手礼。

敬礼致谢！
ありがとうございます

然后前往花HOTEL取回寄放的行李。

16:45 我们从高山浓飞巴士中心乘坐浓飞巴士，前往金泽市。

感觉意犹未尽！

再见啦高山！我们会再来的，春天的高山、白川乡一定也很美！

大家千万别错过哦～

最后献上，我们在高山市两夜走街串巷，宁静的夜景。

非旅游旺季，又是寒冷冬天～夜幕降临，街上好宁静～

126

番外篇 高山夜晚

夜晚的高山真是另一番美丽景象～

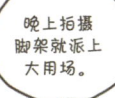

晚上拍摄脚架就派上大用场。

原本热闹的老街此时没有了欢声笑语，

漫步在安静的街头，仿佛能听到这个城市的心跳声。

127

游日本，谁告诉你只有东京？

白天游客太多，没能好好品这街道。

细致的格子窗，干净的石板路，配上暖橘色灯光，散发着浓浓昔日风情。

咔嚓 咔嚓 咔嚓

128

番外篇 高山夜晚

提醒大家
夜晚走街串巷
记得保暖哦~

又下雪啦~

金泽市
金沢市——茶屋街、兼六園

> 第一次喝带金箔的茶，带金箔的茶点。

> 土~豪~啊！

下一站・金泽

> 我们离开了高山即将抵达金泽。
>
> 好期待~金泽是什么样子呢?

TIP

关于金泽市

金泽市是位于日本石川县的城市,位于日本海侧金泽平原,刚好位于北陆的中部。人口超过十万,仅次江户、大阪和京都市。是一座浓缩历史、文化及传统工艺精髓的古城。

★ 推荐玩耍天数:2~3天
★ PS: 金泽景点集中,游玩起来可是非常方便的!

1个半小时,我们抵达了金泽车站

> 金泽这晚我们没安排什么景点行程。
>
> 找到酒店,放好行李,就在附近逛逛。

> 既然抵达金泽车站,怎能不看看它的标志性建筑呢?

> 在哪里~在哪里~
>
> 噢找到啦~是那个!

游日本，谁告诉你只有东京？

就是这个啦！"世界最美车站"之一：金泽鼓门。

真的很漂亮，走近看更是雄伟壮观！

Tip 金泽车站东口，高14米的褐红色大门，因为梁柱造型是两只金泽传统艺能的小鼓造型，所以称为"鼓门"。

金泽的第一夜，无肉不欢的晚餐日式火锅。

抱歉～我们太饿了，忘记用照片记录。

饭后散步，我们来到一家书店，好多我喜欢的漫画，就是看不懂……

哈哈～

看得懂的人

散完步回到酒店，一觉醒来，金泽的旅程就开始啦。

早安！茶屋街

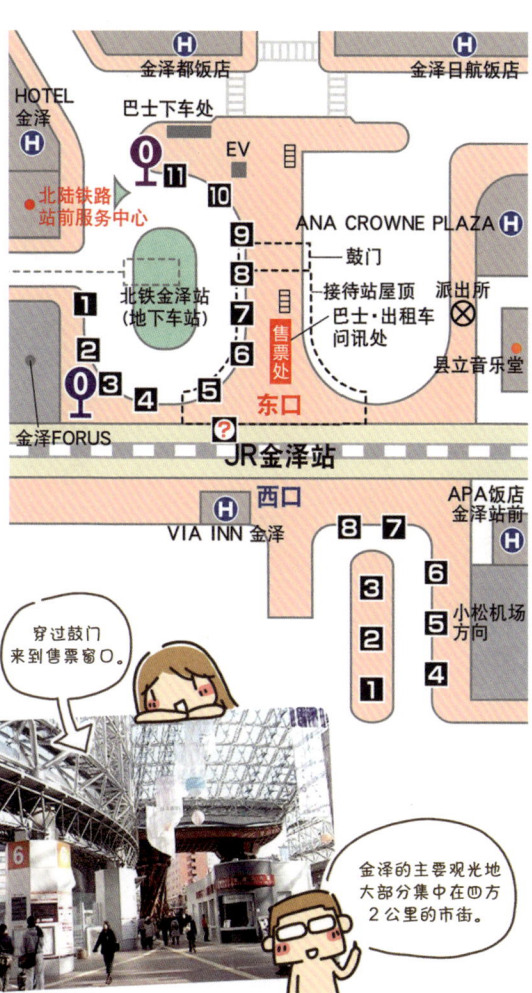

早上好！おはよう！

金泽的旅行开始啦～

我们先回到金泽车站。

金泽都饭店
金泽日航饭店
HOTEL 金泽
巴士下车处
EV
北陆铁路站前服务中心
ANA CROWNE PLAZA
鼓门
北铁金泽站（地下车站）
接待站屋顶 巴士·出租车问讯处
派出所
售票处
东口
县立音乐堂
金泽FORUS
JR金泽站
西口
APA饭店金泽站前
VIA INN 金泽
小松机场方向

穿过鼓门来到售票窗口。

金泽的主要观光地大部分集中在四方2公里的市街。

游日本，谁告诉你只有东京？

我们主要游玩的景点：
茶屋街、近江町市场、金泽城公园、兼六园。

注意巴士的左右方向。

我绘制了一个主要的景点分布图。

其他的景点分布可参见金泽市观光地图。

"观光地图"可在站前服务站领取，有中文版的哦～

这个景点线路推荐购买"一日乘车券"500日元，不限次数搭乘。

如果不用乘车券，单次购票为200日元/人。

城下町金泽周游巴士
线路起点：金泽车站东口3号
运行时间：[8:36 初班]—[18:00 末班]
每隔12分钟运行一次

游金泽除了使用周游巴士，也有其他巴士，详情参见金泽官网，有中文版。

日本金泽官网（中文）
http://www.kanazawa-tourism.com.cn

早安！茶屋街

周游巴士停在了"橋場町（交番前）"站，下车后整个区域都是老街区。

我们游览的第一个景点是金泽三大茶屋街之一的东茶屋街。

三个保存完好的茶屋区，分别是"东茶屋街"、"西茶屋街"和"主计町"。

沿途又见到复古的木屋，精致的拉门、格子窗。

仿佛又从现代穿越到了古代。

现代　古代

135

发现一个房子
这是什么？

这是
“东茶屋街休憩馆”，
由江户时代遗留下来的
古建筑改建而成呢。

这里除了供游客
喝茶休息外，
还能听到工作人员
为你解说东茶屋街的历史，
可惜没有中文
讲解。

有多少茶客
在这里
休息过呢？

休憩馆内依旧
保留着古老的格局
和装潢。

走进里面能
满满地感受到
房子的回忆。

早安！茶屋街

超有感觉的街道。

137

游日本，谁告诉你只有东京？

我们来得太早，街道还没什么游客。

茶室也还没开门。

咔嚓 咔嚓 咔嚓

TiP

茶屋：
日本传统的游艺饮食场，在江户时代是观赏艺伎及演奏的场所。

进入茶屋街内部后，能看到非常密集，几乎要让人迷路的街道，经过重新装潢的古老建筑物现在成为饮食店与吃茶店或是土产店。

在这里面最大的茶屋街就是东茶屋街。

左右两边的岔路很多。

138

早安！茶屋街

东茶屋街上的"怀华楼"和"志摩文化馆"两个茶屋是对外开放的。

因时间的关系，我们只进行了参观并没有体验。

入内需在玄关脱下鞋子，走上朱红色楼梯便能看到艳丽的和室。

怀华楼是修复180年前茶屋的建筑物。
内部妖艳的朱红色墙壁搭配以草木为原料染色的榻榻米，精致的木拉门，和式顶灯，传统又不失内敛的华丽。脑袋里已经出现了艺伎们在这里歌舞升平的美丽画面。

- 开放时间：9:00 ~ 17:00
- 参观费是 750 日元
- 休馆：全年无休
- TEL：076-253-0591

茶屋叫志摩，不知道和徐志摩有没什么关系呢？

是巧合吗？

志摩是1820年与茶屋街同时期建成的茶屋，是国家的重要文化财产。
二楼的客室与等待房，没有收纳的构造、庭园等等，建筑物本身皆是江户时代专为游兴场所而设计。此外，在志摩的内部里也有展示艺伎使用的乐器与道具的"茶屋文化馆"。

- 开放时间：9:00 ~ 18:00
- 参观费是 500 日元
- 休馆：全年无休
- TEL：076-252-5675

游日本，谁告诉你只有东京？

简约大方的字体设计清爽、醒目，形成了独特的日式美学。

茶屋街除了干净的街道和精致的建筑外，

设计师职业病

商店的店标设计也是一道美丽的风景线~

早安！茶屋街

沿着茶屋街向左走，就来到宇多须神社。

又走到神社就许愿祈福吧。

日本神仙能听懂中文吗？

141

游日本，谁告诉你只有东京？

既然走到神社，就写一张"绘马"许愿吧！

又见到龙头手水舍。

500日元

希望绘本大卖！！
JumCat.Wings

"绘马"是日本人许愿的一种形式，大致产生在日本的奈良时代，就是在一个木牌上写上自己的心愿。日本人自古就把马当做神的交通工具来信奉，所以在木板上画上马并写上愿望，由马将愿望传递给神。这就是"绘马"的由来。

142

金箔物语

挂好"绘马"，我们决定步行去江町海鲜市场。

步行约30分钟

开心～ 开心～

沿途经过许多商店，突然被一家金闪闪的商店吸引。

金箔屋
Sakuda Gold & Silver Leaf Crafts

那是什么？金闪闪的？

……

贴着玻璃～

Tip 原来这金闪闪的东西才是金泽最大的特色——金泽箔！
金箔在国际上，主要有五大生产基地，分别是中国、日本、意大利、德国、泰国。工艺精湛的金泽箔在日本市场占有率约100%，所以金泽被称为"金箔之都"！

143

店里满满都是金箔，
工艺品、日化、食物，
琳琅满目，应有尽有。
精致细腻的设计
加上金箔的点缀，
屏风好美！
艺术啊！

连洗手间都是金箔？
金碧辉煌啊～
好闪耀！
好闪耀！
好闪耀！
它只是个洗
手间啊！

店员给我们简要地介绍了金泽箔，并请我们品尝金箔茶。
原来金箔的厚度，可以薄过烧纸灰烬，一触即融，分子结构容易被分离吸收，所以可以食用。

金箔什么味儿？

第一次喝金箔，还有点小紧张和兴奋。

又惊又喜地喝完茶，工作人员说我们可以去体验馆参观金箔的制作。

免费

贴在牙齿上会变金牙吗？

我们立马答应，因为对金箔充满了好奇！

在金箔体验馆亲眼看到，真的很奇妙。

用手轻轻一扇～金箔如同水纹般荡漾开来然后变平整。

惊吓

金箔物语

145

特别献上！金箔制作过程！

游日本，谁告诉你只有东京？

金合せ
①将配比好的黄金原料和少量的银、铜原料用1300度左右的高温熔化成金水，去杂质后，倒入模具槽，做成合金金条。

延べ金
②用机器将合金金条延展压实，成宽6厘米，厚5毫米的"带状"金叶。

コッペの引入れ
③将"带状"金叶裁剪为6厘米见方。接着用箔打纸一张一张地夹着，再用皮袋包裹。由打箔机5轮锤薄，金叶延展成约20厘米见方、千分之一毫米厚度的金箔片。

澄切り
④将延展大的金薄片，用竹刀裁切12等份。

引き入れ
⑤再一次用箔打纸一张一张夹着，用皮袋包裹。

打ち前（箔打ち）
⑥使用打箔机锤打3分钟，再加热15分钟，使其更薄，延展得更开。反复裁切、捶打动作，直到成为万分之一毫米厚度的金箔。

抜き仕事
⑦将金箔从箔打纸中取出放在广物帐上，此时的金箔像蝉翼一样薄，像丝一样柔软，像羽毛一样轻盈。

箔移し
⑧将金箔放在软模台上，用竹框切割成有规则的尺寸。这样一张成品的金箔就算完成啦。

> 四周切掉的金箔不能浪费呢，会运用到金箔工艺品里。

> 大家一定要现场看一看金箔的制作过程，有趣极了！

> 还能自己DIY金箔工艺品。

DIY金箔工艺品需要提前预约
电话预约或官网预约（暂无中文服务）
金箔屋官网：
http://www.kanazawa-tourism.com.cn

金泽厨房·近江町市场

参观完金箔工艺，我们回到金箔屋。

> 我买了甜点金箔羊羹。

> 我买了金箔筷子送给朋友。

> 购完物继续朝近江町海鲜市场迈进吧。

> 金泽人的"美味厨房"近江町市场我们来啦！

TIP 近江町 金沢

从藩政时代开始持续了300年的近江町市场，是与时代变迁和金泽发展共同繁荣起来的具有历史意义的市场，是支撑金泽饮食文化的市民厨房。

> 近江町市场6大魅力，让它成为了不折不扣的"美食景点"。

> 快速前进，马上就到啦。

① 物品丰富。

② 材料新鲜。

③ 店家自制产品琳琅满目。

④ 消费者与店家面对面销售。

⑤ 县内外消费者间开心地交流。

⑥ 店家都是食材专家可解答任何问题。

游日本，谁告诉你只有东京？

走进海鲜市场，就能看到各式各样的海鲜及蔬果啦。

金泽厨房・近江町市场

它们都被处理得干干净净
整整齐齐地摆放着。

都非常新鲜，
好想每个都
咬一口~

149

游日本，谁告诉你只有东京？

肉丸串
300 日元

市场里还夹杂着餐厅，特产店及小吃店，可以边逛边吃。

蒲烧鳗鱼（推荐）
500 日元

鳗鱼控

被炭烤鳗鱼的香气吸引我们怎能错过！

炭烤鱿鱼
600 日元

似乎胃被打开了，好吧！美食！我们来了！

我要吃这个，还有这个，还有那个～

> 中午饭就在这个"大厨房"里解决。

> 感谢翅膀君的日本朋友，给我们推荐了一家料理店"井ノ弥"。

金泽厨房·近江町市场

井ノ弥
金沢の海鮮丼の発祥の店
近江町市場の味

官网（只有日文）：
http://www.ohmicho-inoya.com

所在地：石川県金沢市上近江町市場33-1

营业时间：
平日：11：00～21：00
星期六：10：00～20：00
星期天和节日：10：00～15：30
店休：每周二

电话：076-222-0818

游日本，谁告诉你只有东京？

我们选择了人气料理海鲜饭（也叫海鲜丼），
2900日元，约150人民币。

刺身都是厨师现切
分量很足，
食材非常新鲜
厚实。

面上还撒了金箔，
感觉华丽丽的。

面上淋上酱油
（也可以夹着食材蘸），
让酱油顺着海鲜食材
向下流去，
使得下面的米饭也
带上海鲜味。

真是太美妙了！
这就是人生！

金泽厨房・近江町市场

饭后水果
草莓560日元。

原本还想点其他美食
但是一份丼下肚
已经撑到不行了。

肚子好撑～
又想吃

走出"井ノ弥"，
又看到了草莓，
照旧来个饭后水果吧。

午饭后的景点是
金泽城和兼六园，
"茶"足饭饱
充满了能量。

肚子
圆滚滚

但是"能量过剩"
就是走不动路了。

慢动作
行走

终于到了金泽城公园。

我们步行了40多分钟好像肚子没这样撑了。

一进公园是一片大大的草地。

远远就能看到护城河和城堡。

地图标注：
- 入口（宫守坂口）
- 玉泉院丸原址
- 原第六旅指挥部
- 甚右卫门坂口
- 宫广场
- 藤右卫门丸广场
- 石之木迎宾馆
- 三十间长屋
- 极乐桥
- 公园管理事务所
- 宫广场
- 宫守护城河
- 戌亥橹原址
- 二丸广场
- 黑门
- 桥爪门续橹
- 四阿
- 鲤喉橹台
- 本丸园地
- 五十间长屋
- 湿生园
- 大手护城河
- 菱橹
- 新丸广场
- 辰巳橹原址
- 鹤丸仓库
- 鹤丸广场
- 内堀北门
- 大手町
- 五寅橹原址
- 石川门
- 三丸广场
- 河北门
- 新丸广场
- 大手门
- 兼六园
- 三丸北园地
- 入口休息处
- 入口（大手门口）
- 入口（石川门口）

游日本，谁告诉你只有东京？

154

Tip 关于金泽城

天正十一年（1583）前田利家入主金泽城，随后即开始正式建城。据说他邀请了基督教大名（诸侯）高山右近，在其指导下兴建金泽城。庆长七年（1602），天守阁因雷击而烧毁，此后未重修天守阁，而是在本丸修建了三层橹以及在二丸修建了御殿。

宽永八年（1631）火灾后，由于二丸扩建以及辰巳用水贯通，使金泽城的结构发生了变化，武士的宅邸也均迁至城外。同时开挖内城护城河，用土砌出各城郭的形状。

宝历九年（1759），一场大火使金泽城几乎全部烧毁。此后重建时，注重实用性，以二丸为中心进行修整，本丸的橹台再未重修。将细工所从新丸移至堂形也是在一时期。现存的石川门是此后在天明八年（1788）重建的。

平成十三年（2001）复原的菱橹、五十间长屋、桥爪门续橹曾在文化五年（1808）的二丸火灾后重建，但在明治十四年（1881）火灾时再次烧毁，此次重建再现了安政时期的景观。

> 新修复的菱橹、五十间长屋以及桥爪门续橹，是金泽城公园的标志。

金泽城公园

游日本，谁告诉你只有东京？

桥爪门续橹是监视二丸正门的拱形桥爪门的瞭望橹。

菱橹是监视正门与后门的瞭望橹。

五十间长屋是储藏武器等的仓库。

进入金泽城公园免费，
但是进入城堡参观菱橹、桥爪门续橹、五十间长屋要收费：
·成人（18岁以上）310日元 ·少年儿童（6～18岁以下）100日元

兼六园

我们现在到了兼六园。

去买门票

它就在金泽城公园的旁边，相隔一条马路。

这个方向 金泽城

正面　背面

成人门票310日元，少年儿童100日元（6～18岁以下）。

另外有售面额500日元的纪念币，"硬币控"们千万别错过哦。

开放时间：均为全年开放
3月1日～10月15日 7:00～18:00
10月16日～2月最后一天 8:00～17:00

游日本，谁告诉你只有东京？

冈山的后乐园、水户的偕乐园、石川县金泽市兼六园，是日本三大名园。

兼六园是三大名园之首哦~

TIP

建于1676年，直到1871年才完工对外开放。原来只是金泽城藩主的庭园，经历代藩主的整修扩建。兼具"宏大、幽邃、人力、苍古、水泉、眺望"等六大胜景。匠心独具的景观随处可见。

园内种植有150多种的植被花卉，加上亭、台、楼、阁等建筑，是一座回游式园林，自然风景庭园。

兼六园不仅在日本，更在世界园林中享有一定的声誉。

兼六园

漫步到霞池,是一幕让人宁静的美景。

天然氧吧

虽是冬天,园区里也绿意盎然。

走累了,可以在霞池西岸的内桥亭歇歇脚,吃吃茶点,喝喝茶。

159

游日本，谁告诉你只有东京？

> 走到霞池的北岸，打从心里赞颂匠人"一步一景"的巧思。

> 水亭、徽轸灯笼、青苔石、唐崎松，在这番美景里都充当着重要的角色。

徽轸灯笼是兼六园最具有代表性的美景。

灯笼由两脚支撑，因形状犹如支撑琴弦的琴柱，故得此名（徽轸与琴柱日文发音相同）。徽轸灯笼由映照水面用的"雪见灯笼"演变而来。

Tip

160

兼六园

其实我们来的时间并不太好，推荐大家秋天来赏红叶。

如果下大雪就好了。

秋天的霞池，徽轸灯笼、红枫古树美妙绝伦的风景。

春天的兼六园漫天飞舞浪漫樱花
最佳时间：三月中～四月底

夏天，停歇在霞池旁边的"时雨亭"，聆听蝉鸣，纳凉静心。

冬天，白雪皑皑饶有深意的风雅情趣。

161

游日本，谁告诉你只有东京？

旁边的唐崎松，是兼六园里姿态最为优美的树木。

为了防止积雪压折树枝而在每年冬天搭设的"雪吊"，已成为兼六园独有的一道风景！

技术高超的园艺师用800根以上的绳索吊在枝叶繁盛蓬勃的唐崎松上，这幅景象告知金泽市民冬季即将来临。

在兼六园的亮灯仪式上，这些"雪吊松"更为壮观哦！

亮灯仪式上，脚架与雪吊松更配哦～

在这里告诉大家亮灯仪式的时间。

秋季（2015）
09月18～20日　18:30～21:00
10月02～04日　18:30～21:00
11月20～29日　17:30～21:00

冬季（2016）
01月29～31日　17:30～21:00
02月05～14日　17:30～21:00

详情时间参见：http://www.hot-ishikawa.jp/shiki/detail.html#event08

金泽其他景点

> 我们在金泽的时间不长，

> 金泽还有很多很棒的景点哦。

金泽 21 世纪美术馆

圆形的外形像是 UFO 从天而降，所有的壁面都是玻璃。展出的美术品之中，有许多是可以触摸、可以坐的体验型现代美术品。与建筑物融成一体的作品也是值得一看，像是给人在水里伫立错觉的作品、切除一部分天花板可看见天空的房间以及由林明弘制作，融合加贺友禅图样的壁面和椅子等等。

- 开放时间：10:00 ~ 18:00（周五~六至 20:00）
- 休馆：周一（遇节假日顺延一天）、年始年末
- 免费展区：开放时间 9:00 ~ 22:00（免费展区周一不休馆）
- 入场费：美术馆展区（特别展、常设展）1000 日元左右
  （依展出内容不同，入场费也不同）
  典藏精选个展 350 日元、团体 280 日元
- 地址：广坂 1-2-1
- 官网：http://www.kanazawa21.jp

金泽其他景点

金泽能乐美术馆

从江户时代开始金泽就奖励包括庶民在内所有从事宝生流能乐的民众,甚至还诞生了"加贺宝生",能乐可说是十分兴盛。在金泽能乐美术馆里除了再现能剧舞台、介绍能剧的各种面相之外,也展示贵重的能面与能剧的装束。

- 开放时间:10:00～18:00
- 休馆:周一(遇节假日顺延一天)、12月29日～1月3日
- 入场费:大人300日元、团体(20人以上)250日元、65岁以上200日元、高中生以下免费
- 地址:广坂1-2-25
- 官网:http://www.kanazawa-noh-museum.gr.jp

武家屋敷遗迹野村家

在前田家统治的时代里,代代都担任要职的野村家遗迹就在这里,建筑物内部都有以总桧制作的格子状天花板、前田家御用绘师出品的袄绘之外,在庭园还有树龄超过400年的杨桃树、围绕名石奇岩的流水景观。

- 开放时间:8:30～17:30(10月～3月开馆至16:30)
- 休馆:12月26～27日
- 入场费: 大人500日元、高中生400日元、中小学生250日元、20人以上的团体可优惠50日元
- 地址:长町1-3-32
- 官网:http://www.nomurake.com/

金泽有趣的景点就留给大家去发现啦。

拜拜～金泽

游玩了白天的茶屋街，好奇月光下的它，是什么样的呢？

于是，我们带着脚架又来啦。

番外篇 茶屋街夜晚

又是一批脚架党

哇～华灯初上，果然是另一番美景，绝对不会让你失望！

好多日本游客也来拍摄月光下的茶屋街。

这才是艺伎回忆录的感觉呀。

游日本，谁告诉你只有东京？

没了白天来来往往的游客，少了份热闹，但在街灯的陪伴下，一点也不寂寞。

好像这才是茶屋街的真面目。

漫步在茶屋街，还能听到乐师弹奏美妙的三弦琴呢。

166

回到大阪
去吃个一蘭拉面吧～
大阪に戻って
憧れの一蘭ラーメンを食べに行こう

一蘭ラーメン
いただきま〜す

游日本，谁告诉你只有东京？

最后的一站：回到大阪。

便利店买了早饭，一早就来到金泽车站。

乘坐 7：25 的长途大巴前往大阪，行驶 4 个半小时。

车票可在金泽车站买，也可以在网上预订，支持信用卡。
https://secure.j-bus.co.jp/hon

那么大的巴士，好人性的座位设计。三列椅子，两个过道中途下车不会惊扰到旁边的乘客。

上车秒睡

抵达大阪原本计划游览奈良公园天空不作美下起雨，计划取消了……

我们决定去逛逛 JR 大阪车站附近的"友都八喜"。

Yodobashi-Umeda
友都八喜-梅田

TIP

友都八喜
日本大型电器连锁专卖店，位于 JR 大阪车站北口附近。地下 2 楼到 4 楼是电子和电器商品贩卖的主要区域，因为光顾的中国旅行者特别多，所以店内还配有专门的中文导购，非常方便，同样购买总额超过 1 万日元可以当场退还 8% 的消费税。

拉着行李箱，大包小包，乘坐方便的 JR 环状线列车到酒店放好行李。

终于放好东西，轻松了许多，乘坐地铁前往心斋桥。

穿过一条商业街，去到道顿堀戎桥上，看到两块有近百年历史的"雪印"和"格力高跑步者"招牌，就表示你真的到了大阪。

大阪欢迎你

旁边的水渠也有一个标志建筑直立型的摩天轮下面是一家非常有名的店：驚安殿堂。

大家跑起来

驚安殿堂，有着"令人吃惊的便宜"之意，药妆、电器、奢侈品等，应有尽有，24 小时营业。

回到大阪啦

游日本，谁告诉你只有东京？

心斋桥有翅膀君一定要吃的拉面"一蘭拉面"，对于翅膀君来说，那里可是属于肚皮的景点 位置就在驚安殿堂旁边。

品牌于昭和三十五年（1960年）创立。

排了15分钟终于排到我们，进去先要在一台机器上点单，推荐吃拉面。

然后服务员会给你一张单子，根据个人的口味进行选择。

有汤底浓度，面条口感，小料的配放，辣味的级别等等～

食客桌位偏窄桌面由木板隔开保护隐私，单子递给中间厨房的工作人员。

170

回到大阪啦

这个木板可以折叠起来哦。

桌面可以直接接茶水。

递出来的拉面很大碗熬制出来的汤头香气扑鼻，鲜香醇厚！

真是非常推荐啊！

尝一口面条很是筋道。

一碗下肚连汤头都喝干净了很赞！

游日本，谁告诉你只有东京？

吃完一蘭拉面夜幕已经降临了，漂亮极了！

有中文菜单。

看到旁边的章鱼小丸子，我们又没忍住，来都来了！继续吃吧！

这个章鱼小丸子外面软软的，里面有少许汁水，咬下去是能吃到章鱼肉的～

六颗章鱼丸子 420日元

我要撑死了。

体重会狂飙

其实我们吃了拉面和章鱼丸子，又去吃了烤肉，感谢翻译君的大学学长，从日本其他地区专门赶过来请我们吃饭！

东北人

操一口流利的东北腔日语

172

回到大阪啦

道顿堀是个非常大的商圈，有非常多的中国游客，所以在这里逛街非常方便。

商家几乎都会配备中文导购员，也支持银联卡。出示护照还可以打折或者减税哦～

我可以免税哦！

购物前最好先做好功课，记下要买什么～否则商品太多，真是无从下手啊！

173

买好东西,大包小包,回酒店路上。

明天一早就回国啦,
开心的旅行结束咯。

日本~再见啦!
我会再来的!

回家咯!
留有遗憾,才会有动力
日本,期待第三次!
帰国!心残りがあるからこそ、次のやる気は湧いてくる。
三回目の日本旅行、楽しみにしてるぞ!

换个起点怎走？

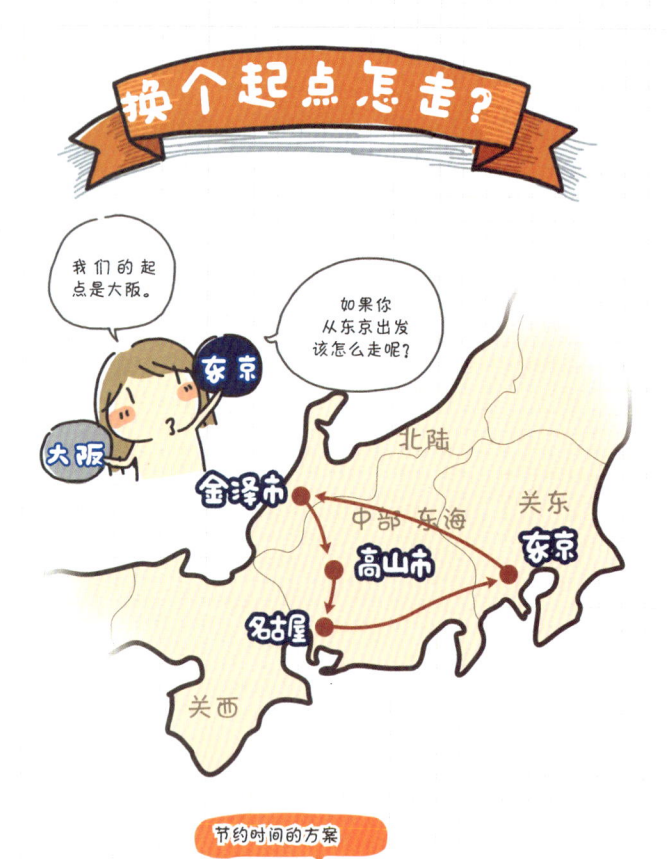

游日本，谁告诉你只有东京？

我们的起点是大阪。

如果你从东京出发该怎么走呢？

东京
大阪
北陆
金泽市
中部 东海
关东
高山市
东京
名古屋
关西

节约时间的方案

根据你城市的航空时段或价格，也可以起始点为：东京。

东京 →约 2.5 小时→ 金泽 →约 1.5 小时→ 高山/名古屋 →约 4 小时→ 东京

- 东京 – 金泽　交通：北陆新干线
- 金泽 – 高山　交通：浓飞巴士
- 高山 – 名古屋 – 东京　交通：JR 列车

2015 年北陆新干线通车。

东京到金泽不用 2.5 小时。

高山到名古屋 2 小时 10 分钟 JR 特快。

名古屋到东京 1 小时 40 分钟 新干线。

176

结束语

旅游后记

（设计师）

我是一个普通的上班族，我的工资有限，假期有限，甚至我觉得我的生命有限。开始旅行，才觉得生命有了意义，这种意义能凝聚家人、爱人、朋友，能让生命不虚度，心的视野变开阔。

很多时候，生活没那么理想化，我不能洒脱地告诉老板："世界那么美，我要出去看看"，因为每一次旅行都建立在金钱之上。于是管理自己的收入，计划出行时间，选择旅行目的地，自己动手做一次行程路书，便成为了必修的课程。

去了日本（第一次出车）、菲律宾、泰国、柬埔寨……你可能会问，上班族哪里来的时间？

正常工作的年假为5天，加上首尾周末共9天。个别工作年假不同，时间我觉得是可以协调的，可以根据自己的休假天数来选择目的地。

你可能还会问，天数太少，会不会走马观花？

"走马观花"和"细细品味"，我觉得是不一样的旅行方式。旅行没有绝对的尽兴，没有绝对的完美安排，过程中有无数的意外等着你。不同的国家，你不知道你会遇到什么样可爱的人，什么样有趣的事，甚至一不小心错过美丽的风景，留下遗憾是无需伤心的事。每一次旅行后，我都会告诉自己：我的离开不代表结束，只为下次我们重逢，让我细细品读你。

（我喜欢提前半年请年假，比较好协调工作。）

（特别喜欢漫步日本街头。）

这是我第二次日本旅行，第一次就是走马观花地去了东京大孤。感谢"走马观花"的第一次，才有了第二次慢慢体会。我喜欢日本，在于它"今"与"昔"的碰撞，你来过一次你就会无可救药地着迷。日本的每一条街，都在讲述"今"与"昔"的。岁月的木招牌、古旧的暖帘、厚重的石刻……在此你不会觉得"时间"无形无影，它留下了太多的痕迹让你可以尽情追寻。

（还可以减肥。）

日本空气清澈，一年四季，都适合走街串町。不管是走在江户时代的石板路上，还是现代都会的水泥路上，我总是期待下一个转角，会是什么样的风景。也许是一座古都旧城，也许是一间百年店铺，也许是一条葱郁的林荫大道，幻想着这里的四季变幻，幻想着自己的心情变化。找一石凳坐下，伸伸懒腰，让脚歇歇，可心还是那么雀跃。

迫不及待跟翅膀君开始计划第三次日本之旅，希望能给大家带来更多有趣的东西。大家也别停下，日本值得你去"走马观花"和"细细品味"。

带上这本书！赶紧出发吧！

图书在版编目（CIP）数据

游日本，谁告诉你只有东京？/ 君猫，翅膀君著. — 重庆：重庆出版社，2016.8
ISBN 978-7-229-10806-9
Ⅰ.①游… Ⅱ.①君… ②翅… Ⅲ.①旅游指南—日本 Ⅳ.①K931.39
中国版本图书馆CIP数据核字(2015)第305143号

游日本，谁告诉你只有东京？
YOU RIBEN,SHUI GAOSU NI ZHIYOU DONGJING?
君 猫　翅膀君 著
责任编辑：郭莹莹
责任校对：何建云

重庆出版集团
重庆出版社 出版

重庆市南岸区南滨路162号1幢　邮政编码：400061　http://www.cqph.com
重庆市国丰印务有限责任公司印刷
重庆出版集团图书发行有限公司发行
E-MAIL:fxchu@cqph.com　邮购电话：023-61520646

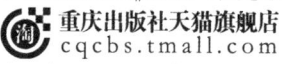

重庆出版社天猫旗舰店
cqcbs.tmall.com

全国新华书店经销

开本：880mm×1230mm　1/32　印张：5.75　字数：198千
2016年8月第1版　2016年8月第1次印刷
ISBN 978-7-229-10806-9
定价：32.00元

如有印装质量问题，请向本集团图书发行有限公司调换：023-61520678

版权所有　侵权必究